Evaluación de los
niveles nacionales
de rendimiento
académico

Evaluaciones nacionales del rendimiento académico

VOLUMEN 1

Evaluación de los niveles nacionales de rendimiento académico

Vincent Greaney
Thomas Kellaghan

© 2016 Banco Internacional de Reconstrucción y Fomento/Banco Mundial
1818 H Street NW, Washington, DC 20433
Teléfono: 202-473-1000; Internet: www.worldbank.org

Algunos derechos reservados

1 2 3 4 19 18 17 16

La presente obra fue publicada originalmente por el Banco Mundial en inglés en 2008, con el título *Assessing National Achievement Levels in Education*. Vol. 1 of *National Assessments of Educational Achievement*. En caso de discrepancias, prevalecerá el idioma original.

El presente documento ha sido realizado por el personal del Banco Mundial, con aportaciones externas. Las opiniones, las interpretaciones y las conclusiones aquí expresadas no son necesariamente reflejo de la opinión del Banco Mundial, de su Directorio Ejecutivo ni de los países representados por este. El Banco Mundial no garantiza la exactitud de los datos que figuran en esta publicación. Las fronteras, los colores, las denominaciones y demás datos que aparecen en los mapas de este documento no implican juicio alguno, por parte del Banco Mundial, sobre la condición jurídica de ninguno de los territorios, ni la aprobación o aceptación de tales fronteras.

Nada de lo aquí contenido constituirá ni podrá considerarse una limitación ni una renuncia de los privilegios y las inmunidades del Banco Mundial, todos los cuales están reservados específicamente.

Derechos y autorizaciones

Esta publicación está disponible bajo la licencia Creative Commons Reconocimiento 3.0 IGO (CC BY 3.0 IGO): http://creativecommons.org/licenses/by/3.0/igo. La licencia Creative Commons Reconocimiento permite copiar, distribuir, comunicar y adaptar la presente obra, incluso para fines comerciales, con las siguientes condiciones:

Cita de la fuente. La obra debe citarse de la siguiente manera: Greaney, Vincent, y Thomas Kellaghan. 2016 *Evaluaciones nacionales del rendimiento académico*. Volumen 1: *Evaluación de los niveles nacionales de rendimiento académico*. Washington, DC: Banco Mundial. DOI:10.1596/978-1-4648-0743-5. Licencia: Creative Commons Reconocimiento CC BY 3.0 IGO.

Traducciones. En caso de traducirse la presente obra, la cita de la fuente deberá ir acompañada de la siguiente nota de exención de responsabilidad: "La presente traducción no es obra del Banco Mundial y no deberá considerarse traducción oficial de este. El Banco Mundial no responderá por el contenido ni los errores de la traducción".

Adaptaciones. En caso de que se haga una adaptación de la presente publicación, la cita de la fuente deberá ir acompañada de la siguiente nota de exención de responsabilidad: "Esta es una adaptación de un documento original del Banco Mundial. Las opinions y los puntos de vista expresados en esta adaptación son exclusiva responsabilidad de su autor o de sus autores y no son avalados por el Banco Mundial".

Contenido de terceros. Téngase presente que el Banco Mundial no necesariamente es propietario de todos los componentes de la obra, por lo que no garantiza que el uso de dichos componentes o de las partes del documento que son propiedad de terceros no violará los derechos de estos. El riesgo de reclamación derivado de dicha violación correrá por exclusiva cuenta del usuario. Si se desea reutilizar algún componente de esta obra, es responsabilidad del usuario determinar si debe solicitar autorización y obtener dicho permiso del propietario de los derechos de autor. Como ejemplos de componentes se puede mencionar los cuadros, los gráficos y las imágenes, entre otros.

Toda consulta sobre derechos y licencias deberá enviarse a la siguiente dirección: Publishing and Knowledge Division, The World Bank, 1818 H Street NW, Washington, DC 20433, USA; fax: 202-522-2625; correo electrónico: pubrights@worldbank.org.

ISBN (edición impresa): 978-1-4648-0743-5
ISBN (edición electrónica): 978-1-4648-0744-2; 978-0-8213-7258-6 (inglés)
DOI: 10.1596/978-1-4648-0743-5

Diseño de la portada: Naylor Design, Washington DC

ÍNDICE

PRÓLOGO	xi
AGRADECIMIENTOS	xiii
SIGLAS	xv
1. INTRODUCCIÓN	1
2. EVALUACIONES NACIONALES DEL RENDIMIENTO ESTUDIANTIL	9
¿Cuáles son los principales elementos de una evaluación nacional?	14
¿Cuál es la diferencia entre la evaluación nacional y los exámenes públicos?	17
3. ¿POR QUÉ LLEVAR A CABO UNA EVALUACIÓN NACIONAL?	21
4. DECISIONES EN UNA EVALUACIÓN NACIONAL	27
¿Quién debe guiar normativamente la evaluación nacional?	27
¿Quién debe llevar a cabo la evaluación nacional?	29
¿Quién administrará las pruebas y cuestionarios?	34
¿Qué población se evaluará?	35
¿Se evaluará una población completa o una muestra?	37
¿Qué se va a evaluar?	39

¿Cómo se evaluará el rendimiento?	44
¿Con qué frecuencia se llevarán a cabo las evaluaciones?	49
¿Cómo debe reportarse el rendimiento estudiantil?	49
¿Qué tipos de análisis estadístico deben llevarse a cabo?	52
¿Cómo deben comunicarse y usarse los resultados de una evaluación nacional?	53
¿Cuáles son los compontes de costo de una evaluación nacional?	55
Resumen de las decisiones	58

5. DISEÑO, IMPLEMENTACIÓN, ANÁLISIS, ELABORACIÓN DE INFORMES Y UTILIZACIÓN DE UNA EVALUACIÓN NACIONAL — 59

Diseño	59
Implementación	61
Análisis	63
Redacción de informes	66
Difusión y utilización de las conclusiones	67

6. EVALUACIONES INTERNACIONALES DE RENDIMIENTO ACADÉMICO — 69

Crecimiento de la actividad de evaluación internacional	71
Ventajas de las evaluaciones internacionales	74
Problemas con las evaluaciones internacionales	78

7. CONCLUSIÓN — 85

APÉNDICES — 93

A. ESTUDIOS DE CASO DE PAÍSES — 93

A.1. India	93
A.2. Vietnam	95
A.3. Uruguay	98
A.4. Sudáfrica	100
A.5. Sri Lanka	103
A.6. Nepal	106
A.7. Chile	107
A.8. Estados Unidos	111
A.9. Uganda	113

B.	**ESTUDIOS INTERNACIONALES**	**119**
	B.1. Estudio Internacional de Tendencias en Matemáticas y Ciencias (TIMSS)	119
	B.2. Estudio sobre el progreso internacional de la competencia en lectura	125
	B.3. Programa para la evaluación internacional de alumnos	129
C.	**ESTUDIOS REGIONALES**	**139**
	C.1. Consorcio del África Austral y Oriental para el monitoreo de la calidad de la educación	139
	C.2. Programme d'analyse des systèmes éducatifs de la confemen	148
	C.3. Laboratorio Latinoamericano de Evaluación de la Calidad de la Educación	152

REFERENCIAS BIBLIOGRÁFICAS — **159**

RECUADROS

2.1	Etiopía: objetivos de la evaluación nacional	13
2.2	Ejemplos de las preguntas abordadas en la evaluación nacional de Vietnam	13
2.3	Elementos principales de una evaluación nacional	14
4.1	Propuesta de miembros integrantes del CDN en Sierra Leona	28
4.2	Ejemplos de ítems de opción múltiple	46
4.3	Ejemplos de ítems de respuesta abierta	47
6.1	La experiencia de Sudáfrica con las evaluaciones internacionales	84

FIGURAS

3.1	La brecha en el nivel de rendimiento de los alumnos de nueve años en Estados Unidos, Evaluación de comprensión lectora de NAEP 1971-99	23
3.2	Porcentaje de alumnos de cuarto grado con un nivel "competente" o superior en lectura, NAEP 1992-2003	24
4.1	Porcentaje promedio de puntajes correctos referente al desempeño en matemáticas de los alumnos, por área de contenido, Lesotho	51
A.9.1	Distribución del puntaje de las pruebas de comprensión lectora de 6.º grado en Uganda	116

B.3.1   Muestra de los ítems de matemáticas de PISA   132
B.3.2   PISA. Puntuaciones medias de competencia lectora y puntuaciones de subescala lectura, 2000   134
B.3.3   Niveles de competencia en PISA Matemáticas   135
B.3.4   Porcentaje de estudiantes por cada nivel de competencia en la escala de matemáticas de PISA   136
B.3.5   Porcentaje de estudiantes por cada nivel de competencia en la escala de lectura PISA   137
C.1.1   Porcentaje de estudiantes de 6.º grado que alcanzaron los niveles de competencia en la prueba de lectura SACMEQ, 1995-98   146
C.1.2   Cambios en las puntuaciones de alfabetización entre SACMEQ I y SACMEQ II   147
C.2.1   Porcentaje de alumnos de 5.º grado con bajo rendimiento, PASEC, 1996-2001   151
C.3.1   Gradientes socioeconómicos de 11 países latinoamericanos, LLECE   156

TABLAS

2.1   Diferencias entre las evaluaciones nacionales y los exámenes públicos   18
4.1   Opciones para llevar a cabo una evaluación nacional   30
4.2   Ventajas e inconvenientes de una evaluación basada en censo para promover la responsabilidad de las escuelas   39
4.3   Procesos de comprensión lectora de la encuesta PIRLS   41
4.4   Porcentaje de alumnos que alcanzan el Nivel Meta o Dominio por grado, Connecticut, 2006   52
4.5   Organismos responsables en primera instancia de las decisiones presentes en una evaluación nacional   58
6.1   Comparación de TIMSS y PISA   72
6.2   Porcentaje de estudiantes que alcanzaron los niveles de referencia internacionales del TIMSS en matemáticas, 8.º grado: Países con puntuación alta y baja   81
A.2.1   Porcentajes y errores estándares de alumnos en diferentes niveles de competencia en comprensión lectora   97
A.2.2   Relación entre variables docentes seleccionadas y el rendimiento en matemáticas   97
A.5.1   Antecedentes y fuente en la evaluación nacional de Sri Lanka   104

A.5.2	Porcentaje de estudiantes que logran el dominio de la lengua materna por provincia	105
A.7.1	Índice de premios al mérito para las escuelas en Chile, 1998-1999	110
A.9.1	Porcentaje de estudiantes de 3.º grado en Uganda calificados como competentes en inglés, 2005	115
B.1.1	Porcentajes meta del TIMSS 2007 dedicado a las áreas de contenido y cognitiva, grado cuarto y octavo	121
B.1.2	TIMSS. Distribución del rendimiento en matemáticas. 8.º grado	124
B.2.1	Porcentajes de estudiantes que alcanzan los niveles de referencia PIRLS en Rendimiento en Lectura, 4.º grado	128
C.3.1	Porcentaje de estudiantes que alcanzaron cada uno de los niveles de rendimiento en lengua, por tipo de escuela y localización, LLECE 1997	154
C.3.2	Porcentaje de estudiantes que alcanzaron cada uno de los niveles de rendimiento en matemáticas por tipo de escuela y localización, LLECE 1997	155

PRÓLOGO

En el discurso que pronunció para conmemorar los primeros 100 días de su presidencia al frente del Grupo Banco Mundial, Robert Zoellick esbozó seis temas estratégicos que guían el trabajo del Banco a la hora de promocionar una globalización inclusiva y sostenible. Uno de esos temas se centraba en el papel del Banco como "una institución de conocimiento y aprendizaje única y especial... un grupo de cerebros de experiencia aplicada". Zoellick señaló que este rol requiere del Banco que se "centre de manera continuada y rigurosa en los resultados y en la evaluación de la efectividad".

Este desafío es mayúsculo en el campo de la educación, donde la gran mayoría de pruebas empíricas que vinculan la educación con el crecimiento económico indican que el incremento de la tasa de matriculación y de las tasas de conclusión de estudios es una condición necesaria, pero no suficiente, para reducir la pobreza. Antes bien, la mejora de los resultados del aprendizaje—materializada en un aumento de los conocimientos y las habilidades cognitivas de los alumnos—es clave para aliviar la pobreza y mejorar la competitividad económica (y será crucial para mantener los avances logrados en el acceso a la educación hasta la fecha). En otros términos, la educación solo alcanzará todo su potencial en relación con el crecimiento económico si la educación que se oferta es de gran calidad y se desarrolla el conocimiento y las habilidades cognitivas de los alumnos.

Las pruebas de que disponemos indican que la calidad de los resultados del aprendizaje en los países en desarrollo es muy baja. Al mismo tiempo, pocos de estos países efectúan un seguimiento sistemático de tales resultados, bien llevando a cabo sus propias evaluaciones de rendimiento de los alumnos o participando en evaluaciones regionales o internacionales. La falta de este tipo de información regular y sistémica sobre el aprendizaje de los alumnos hace difícil medir los niveles globales de logro, evaluar el desempeño relativo de subgrupos concretos y hacer un seguimiento de los cambios producidos en el desempeño a lo largo del tiempo. Asimismo hace difícil determinar la efectividad de las políticas gubernamentales diseñadas para mejorar los resultados en estas y en otras áreas.

Esta es una cuestión central para el Banco y sus países clientes puesto que el énfasis se traslada al logro y se deja en segundo plano el acceso. Es también un área en la que escasean las herramientas y los recursos adaptados a las necesidades de los países en desarrollo. Esta serie de libros, editada por Vincent Greaney y Thomas Kellaghan, contribuye de manera notable a cerrar esta brecha; se ha diseñado para abordar muchos de los problemas que se suscitan al conceder una mayor relevancia a los resultados del aprendizaje en los programas educacionales de los países de renta baja. Ayudará a los países a desarrollar su capacidad de medir los niveles nacionales de aprendizaje de los alumnos de manera más válida, sostenible y sistemática, lo que es de esperar que se traduzca en la formulación de políticas de base empírica que conduzcan a una mejora patente en la calidad del aprendizaje estudiantil. Es un elemento de gran importancia para alcanzar el objetivo de una educación para economías dinámicas.

Marguerite Clarke
Especialista Superior en Educación, Banco Mundial

AGRADECIMIENTOS

Esta serie de libros ha sido producida por un equipo dirigido por Vincent Greaney (consultor, Red de Desarrollo Humano, Grupo de Educación, Banco Mundial) y Thomas Kellaghan (Centro de Investigación Educativa, St. Patrick's College, Dublín).

Han contribuido también a la serie: Sylvia Acana (Junta Nacional de Exámenes de Uganda), Prue Anderson (Consejo Australiano de Investigación Educativa), Fernando Cartwright (Consejo Canadiense del Aprendizaje), Jean Dumais (Dirección General de Estadísticas de Canadá), Chris Freeman (Consejo Australiano de Investigación Educativa), Hew Gough (Dirección General de Estadísticas de Canadá), Sara Howie (Universidad de Pretoria), George Morgan (Consejo Australiano de Investigación Educativa), T. Scott Murray (Data Angel Policy Research) y Gerry Shiel (Centro de Investigación Educativa, St. Patrick's College, Dublín).

El trabajo se llevó a cabo bajo la dirección general de Ruth Kagia, Directora del Sector de Educación del Banco Mundial y Robin Horn, Gerente del Sector de Educación. Robert Prouty inició y supervisó el proyecto hasta agosto de 2007. Marguerite Clarke supervisó el proyecto en sus fases posteriores mediante revisión y publicación. Agradecemos las aportaciones del panel de revisión: Al Beaton (Boston College), Irwin Kirsch (Educational Testing Service) y Benoit Millot (Banco Mundial).

Los siguientes empleados del Banco Mundial: Carlos Rojas, Eduardo Vélez, Elizabeth King, Harry Patrinos, Helen Abadzi, Jee-Peng Tan, Marguerite Clarke, Maureen Lewis, Raisa Venalainen, Regina Bendokat, Robert Prouty y Robin Horn, efectuaron comentarios de experto adicionales.

Nuestro agradecimiento en especial a Aidan Mulkeen y a Sarah Plouffe. Recibimos un apoyo de gran valor por parte de Cynthia Guttman, Matseko Ramokoena, Aleksandra Sawicka, Pam Spagnoli, Beata Thorstensen, Myriam Waiser, Peter Winograd y Hans Wagemaker. Expresamos nuestro agradecimiento también a Patricia Arregui, Harsha Aturupane, Luis Benveniste, Jean-Marc Bernard, Carly Cheevers, Zewdu Gebrekidan, Venita Kaul, Pedro Ravela y Kin Bing Wu.

Deseamos agradecer a las siguientes instituciones el permiso concedido para reproducir material: Consejo Examinador de Lesotho, Asociación Internacional para la Evaluación del Rendimiento Educativo, Centro Nacional de Estadísticas sobre Educación del Departamento de Educación de EE. UU., Organización para la Cooperación y el Desarrollo Económicos y Departamento de Educación de Papúa Nueva Guinea.

Hilary Walshe ayudó a preparar el original. El diseño, la edición y la producción del libro fueron coordinados por Mary Fisk y Paola Scalabrin, de la Oficina del Editor del Banco Mundial.

El Fondo Fiduciario de Irlanda para la Educación, el Programa de Asociación Banco-Países Bajos, el Centro de Investigación Educativa, Dublín, y el Consejo Australiano para la Investigación Educativa han respaldado generosamente la preparación y publicación de esta serie.

SIGLAS

AT	asistencia técnica
CDN	Comité Director Nacional
CONFEMEN	Conferencia de Ministros de Educación de los Países de Habla Francesa
DiNIECE	Dirección Nacional de Información y Evaluación de la Calidad Educativa (Argentina)
EPT	Educación para Todos
IEA	Asociación Internacional para la Evaluación del Rendimiento Educativo
IIPE	Instituto Internacional de Planeamiento de la Educación
LLECE	Laboratorio Latinoamericano de Evaluación de la Calidad de la Educación
MdE	Ministerio de Educación
MESyFOD	Modernización de la Educación Secundaria y Formación Docente (Uruguay)
NAEP	Evaluación Nacional del Progreso Educativo (Estados Unidos)
NAPE	Evaluación Nacional del Progreso Educativo (Uganda)
OCDE	Organización para la Cooperación y el Desarrollo Económicos
PASEC	Programa de Análisis de los Sistemas Educativos de la CONFEMEN
PIRLS	Estudio sobre el Progreso Internacional de la Competencia en Lectura
PISA	Programa para la Evaluación Internacional de Alumnos

SACMEQ	Consorcio del África Austral y Oriental para el Monitoreo de la Calidad de la Educación
SIMCE	Sistema de Medición de la Calidad de la Educación (Chile)
SNED	Sistema Nacional de Evaluación del Desempeño de los Establecimientos Educacionales Subvencionados (Chile)
SSA	Sarva Shiksha Abhiyan (India)
TIMSS	Estudio Internacional de Tendencias en Matemáticas y Ciencias
UMRE	Unidad de Medición de Resultados Educativos (Uruguay)
UNEB	Junta Nacional de Exámenes de Uganda
UNESCO	Organización de las Naciones Unidas para la Educación, la Ciencia y la Cultura

CAPÍTULO  INTRODUCCIÓN

En este libro introductorio, describimos las principales características de las evaluaciones nacionales e internacionales; ambas se convirtieron en herramientas enormemente populares para determinar la calidad de la educación en las décadas de 1990 y 2000. Este incremento de popularidad refleja dos importantes desarrollos. En primer lugar, la creciente globalización y el cada vez mayor interés en los mandatos a escala mundial, entre ellos Educación para Todos (UNESCO 2000). En segundo lugar, representa un cambio global, a la hora de evaluar la calidad de la educación, desde poner el acento en los insumos (como las tasas de participación estudiantil, las instalaciones, los materiales curriculares y la formación del profesorado) a ponerlo en los resultados (como el conocimiento y las habilidades que han adquirido los alumnos como resultado de su escolarización) (Kellaghan y Greaney 2001b). Este énfasis en los resultados puede, a su vez, considerarse una expresión de la preocupación que suscita el desarrollo del capital humano en la creencia de que (a) el conocimiento está sustituyendo a las materias primas y la mano de obra como recursos en el desarrollo económico y (b) la disponibilidad de conocimientos y habilidades personales es de importancia fundamental para determinar la tasa de desarrollo económico de un país y su competitividad en un mercado internacional (Kellaghan y Greaney 2001a). La respuesta a esta inquietud ha requerido disponer de información sobre el rendimiento de los sistemas educativos, lo que, a su vez, ha supuesto una transformación desde el uso tradicional de las pruebas de rendimiento académico para evaluar a cada uno de los alumnos hasta su uso para obtener información sobre los logros del sistema educativo en su conjunto (o una parte del sistema claramente definida).

El desarrollo de la capacidad de evaluación nacional ha permitido que los ministerios de educación—como parte de su función directora—puedan describir los niveles nacionales de resultado del aprendizaje, especialmente en áreas temáticas clave, y comparar los niveles de logro de subgrupos clave (como niños y niñas, grupos étnicos, alumnos urbanos y rurales, y alumnos de escuelas públicas y privadas). Asimismo ha proporcionado pruebas empíricas que permiten a los ministerios respaldar o rechazar las afirmaciones de que los niveles de rendimiento estudiantil están incrementándose o bajando a lo largo de un periodo de tiempo.

A pesar del crecimiento de la actividad de evaluación a nivel nacional e internacional, sigue habiendo una carencia de apreciación en muchos lugares sobre el valor potencial de los datos que pueden proporcionar las evaluaciones, así como un déficit en las habilidades requeridas para llevar a cabo una evaluación técnicamente sólida. Incluso cuando los países realizan una evaluación nacional o participan en una internacional, la información que genera la evaluación con frecuencia no se explota plenamente. Esto puede deberse a una serie de razones: los responsables políticos pueden haber sido partícipes marginales en la evaluación y pueden no haber estado plenamente comprometidos con la misma; los resultados de los análisis puede que no se hayan comunicado de forma inteligible para los responsables políticos; o estos puede que no hayan apreciado plenamente las implicaciones de los resultados para la política social en general o para la política educativa en particular por lo que se refiere a la definición del currículo, la asignación de recursos, la práctica docente y el desarrollo profesional de los profesores.

Esta serie de libros se ha diseñado para abordar tales cuestiones introduciendo a los lectores en la compleja tecnología que se ha desarrollado en torno a la administración de las evaluaciones nacionales e internacionales. Este libro introductorio describe los conceptos y los procedimientos clave de las evaluaciones nacionales. Se dirige primordialmente a los responsables políticos en el campo de la educación. Los propósitos y las principales características de las *evaluaciones nacionales* se describen en el capítulo 2 (véase también el apéndice A). Las razones por las que se lleva a cabo una evaluación nacional se examinan en el capítulo 3, y las principales decisiones que deben tomarse al diseñar y planificar una evaluación se exponen en el capítulo 4. Los problemas (así como los errores comunes) que deben tenerse en cuenta en el diseño, la implementación, el análisis, el informe y el uso de una evaluación nacional se exponen en el capítulo 5. En el capítulo 6 se describen las *evaluaciones internacionales* de rendimiento estudiantil, que comparten muchas características de procedimiento con las evaluaciones nacionales (como el muestreo, la administración, los datos contextuales recopilados y los métodos de análisis—véase el apéndice B—).

El principal aspecto en que difieren las evaluaciones nacionales y las internacionales pone de relieve tanto una virtud como un defecto de las evaluaciones internacionales. La virtud es que una evaluación internacional provee datos de una serie de países, lo que permite a cada país comparar los resultados de sus alumnos con los obtenidos por los alumnos de los demás países. El defecto es que el requisito de que los instrumentos de evaluación sean aceptables en todos los países participantes significa que puede que no reflejen con exactitud la diversidad de logros de los alumnos en países concretos.

Una característica adicional de las evaluaciones internacionales es que muchos países participantes llevan a cabo análisis internos basados en los datos recopilados en el país. De ese modo, los datos recopilados para el estudio internacional pueden usarse para lo que de hecho es una evaluación nacional. No obstante, esta práctica no está exenta de problemas, y los datos que se recopilan de esa manera pueden ser menos apropiados para la formulación de políticas que si se hubiesen recopilado para una evaluación nacional específica.

Un procedimiento intermedio entre las evaluaciones nacionales en países concretos y los estudios internacionales a gran escala que abarcan todo el mundo es el *estudio regional*, en el que una serie de países de una región que comparten muchos rasgos socioeconómicos y culturales colaboran en un estudio (véase el apéndice C).

Otra variante es una *evaluación subnacional*, en la que la evaluación se limita a una región (una provincia o un estado) dentro de un país. Las evaluaciones subnacionales se han llevado a cabo en una serie de países grandes (como Argentina, Brasil y los Estados Unidos) para satisfacer necesidades de información a nivel local o regional. Tales ejercicios son relativamente independientes y difieren de las evaluaciones nacionales en que los participantes de todas las regiones dentro del país no responden a los mismos instrumentos y procedimientos; por lo tanto, no es posible realizar comparaciones directas del rendimiento estudiantil entre las regiones.

En el capítulo final de este volumen, se presentan algunas conclusiones globales, junto con consideraciones de las condiciones relativas al desarrollo y la institucionalización de la capacidad de evaluación nacional y al uso óptimo de las conclusiones de la evaluación. Al final del libro, se describen las principales características de las evaluaciones nacionales en nueve países (apéndice A), y a continuación se exponen tres estudios internacionales (apéndice B) y tres regionales (apéndice C).

Los siguientes libros de esta serie ofrecen detalles del diseño y la implementación de una evaluación nacional. Los libros se han concebido para proporcionar una introducción a los aspectos técnicos clave—y las habilidades básicas—de las tareas en cuestión a quienes toman directamente parte en las tareas de elaboración de pruebas y cuestionarios así como recopilación, análisis o descripción de datos en una evaluación nacional.

El segundo libro, *Desarrollo de pruebas y cuestionarios para una evaluación nacional del rendimiento académico*, cuenta con secciones sobre el desarrollo de (a) las pruebas de rendimiento académico, (b) los cuestionarios y (c) los manuales de administración. La primera parte aborda el diseño de las pruebas de rendimiento académico y el papel que desempeña en el diseño un marco de evaluación y un documento de especificaciones técnicas o tabla de especificaciones. Describe el proceso de redacción de los ítems y ofrece ejemplos de diversos tipos de ítem, entre ellos los ítems de respuesta múltiple, de respuesta corta y de respuesta abierta. Describe también el proceso de revisión de ítems o de constitución de jurados, un ejercicio esencial para garantizar la validez del contenido de las pruebas. Incluye directrices para llevar a cabo pruebas previas, seleccionar ítems para la prueba final y producir la versión definitiva de una prueba. La parte concluye con una breve exposición de la capacitación de los correctores y de los ítems de las pruebas de calificación manual. La segunda parte describe los pasos necesarios para elaborar los cuestionarios: diseño del cuestionario, redacción de los ítems, puntuación y codificación de respuestas, así como vinculación de los datos derivados del cuestionario con los puntajes de rendimiento estudiantil. La última parte describe el diseño y el contenido de un manual de administración y la selección y el papel de un examinador. El libro viene acompañado de un CD, que contiene ítems de pruebas y cuestionarios procedentes de evaluaciones nacionales e internacionales y un manual de administración de las pruebas.

Implementación de una evaluación nacional del rendimiento académico, el tercer libro de la serie, se divide también en tres partes. La primera de ellas está centrada en las cuestiones prácticas que deben abordarse al implementar un programa de evaluación nacional a gran escala. Cubre la planificación, la elaboración del presupuesto, la dotación de personal, la disposición de instalaciones y equipos, los contactos con los establecimientos escolares, la selección de los administradores de las pruebas, la elaboración de paquetes y el envío postal, y la garantización de la seguridad de las pruebas. Esta parte cubre también los aspectos logísticos de la puntuación de las pruebas, la depuración de los datos y la redacción de los informes. La segunda parte incluye una guía paso a paso diseñada para permitir a los equipos evaluadores extraer una muestra nacional apropiada. Incluye un CD con un programa de muestreo y un conjunto de datos de capacitación para usarse conjuntamente con la guía. Los temas tratados son: definición de la población que se evaluará, creación de un marco de muestreo, cálculo de un tamaño de muestra apropiado, muestreo con probabilidad proporcional al tamaño y realización de muestreo de etapas múltiples. La depuración y la gestión de los datos se tratan en la última parte; esta también viene acompañada de un CD con ejercicios paso a paso para ayudar a los usuarios a preparar los datos de la evaluación nacional para su análisis, y se describe los procedimientos de verificación y validación de los datos, incluidos los "códigos rebeldes" y las comprobaciones de coherencia entre archivos y dentro de los mismos.

Análisis de los datos de una evaluación nacional del rendimiento académico, el cuarto libro, viene acompañado de dos CD, y requiere de los usuarios que apliquen procedimientos estadísticos a los conjuntos de datos y pongan a prueba sus niveles de conocimiento frente a las soluciones representadas gráficamente en capturas de pantalla dentro del texto. La primera mitad del libro trata de la generación de datos sobre ítems empleando tanto métodos de la teoría clásica de las pruebas como de la teoría de respuesta al ítem. Los temas tratados incluyen: análisis de ítems de pruebas piloto y pruebas finales, seguimiento de los cambios en el desempeño y nivel de competencia a lo largo del tiempo, elaboración de una prueba a partir de ítems creados previamente, comparación y desarrollo de niveles de desempeño o competencia. La segunda mitad del libro está diseñada para ayudar a los analistas en el análisis de nivel básico de los resultados de la evaluación nacional e incluye partes dedicadas a exponer las medidas de tendencia central y dispersión, las diferencias de puntajes promedio, la identificación de los alumnos con mejores y peores resultados, la correlación, la regresión y la representación visual de los datos.

Utilización de los resultados de una evaluación nacional del rendimiento académico, el último libro de la serie, se centra en la redacción de informes dirigidos a influir en el plano político. Presenta una metodología para diseñar una estrategia de divulgación y comunicación para un programa de evaluación nacional. Describe también la preparación de un informe técnico, comunicados de prensa, reuniones informativas para los responsables políticos clave, e informes para profesores y otros grupos de especialistas. La segunda parte del libro destaca las maneras efectivas en que los países han usado los resultados de las evaluaciones nacionales para la formulación de políticas, la reforma de los currículos, la asignación de recursos, la formación del profesorado, la rendición de cuentas y el seguimiento de los cambios en el rendimiento y otras variables a lo largo del tiempo.

Quienes estudien el contenido de estos libros y lleven a cabo los ejercicios especificados estarán en condiciones de adquirir las habilidades básicas que se requieren para una evaluación nacional.

No obstante, deberán tener en cuenta tres factores. En primer lugar, no deben considerar los libros como un simple muestrario de fórmulas o algoritmos que se pueden aplicar mecánicamente, sino que deberán estar dispuestos a aplicar su criterio en diversos aspectos a lo largo de la evaluación nacional (por ejemplo, al seleccionar el contenido de las pruebas, en el muestreo y en el análisis). El discernimiento en estas cuestiones deberá mejorar con la experiencia. En segundo lugar, podrían requerir ocasionalmente el consejo de profesionales más experimentados a la hora de discernir. En tercer lugar, deberán estar preparados para adaptarse a los cambios en el conocimiento y en la tecnología que inevitablemente se producirán en los años venideros.

CAPÍTULO  EVALUACIONES NACIONALES DEL RENDIMIENTO ESTUDIANTIL

Comenzamos el capítulo brindando una definición de evaluación nacional y enumerando las preguntas a las que una evaluación nacional debe responder. A continuación, ofrecemos una descripción de los elementos principales que la conforman. Finalmente, abordamos las diferencias entre una evaluación nacional y los exámenes públicos.

Una evaluación nacional tiene como propósito describir el rendimiento de los alumnos en un área curricular con el fin de obtener una estimación del nivel de logro en el sistema educativo en su conjunto a una edad o en un nivel específico. Proporciona los datos para un tipo de examen de la educación nacional que brinda información a los responsables políticos sobre los aspectos fundamentales del sistema. La evaluación por lo general consiste en la administración de pruebas de rendimiento en una muestra o en una población de alumnos y se centra, generalmente, en un sector específico del sistema; por ejemplo, quinto grado o alumnos de 13 años de edad. Se puede solicitar a los docentes y a otras personas (padres, directores y alumnos) información contextual o antecedentes, que luego, cuando se la asocia a los logros del alumno, permite comprender la relación entre el rendimiento y factores tales como la familia, el nivel de preparación de los docentes, la posición de los docentes respecto de determinadas áreas curriculares, el conocimiento de los docentes y la disponibilidad de material didáctico. Habitualmente, esta información se solicita en forma de cuestionario.

Los sistemas de evaluación nacional en diferentes partes del mundo suelen tener factores en común. Todos incluyen una evaluación del lenguaje o la lectoescritura del alumno y de sus conocimientos de matemáticas o sus nociones elementales de cálculo aritmético. Algunos sistemas evalúan los logros del alumno en un segundo idioma, ciencias, arte, música, o estudios sociales. Prácticamente en todos los sistemas de evaluación nacional los alumnos de nivel primario son evaluados. En unos cuantos sistemas, las evaluaciones nacionales también se llevan a cabo en escuelas de educación secundaria, normalmente durante el periodo de educación obligatoria.

También existen diferencias en los sistemas de evaluación nacional entre un país y otro. En primer lugar, existen diferencias en la frecuencia con la que se llevan a cabo las evaluaciones. En algunos países, se realizan todos los años, si bien el área curricular evaluada puede variar de un año a otro. En otros sistemas, las evaluaciones son menos frecuentes. En segundo lugar, existen diferencias en los organismos encargados de realizar la evaluación. En algunos sistemas, la realiza el Ministerio de Educación, mientras que en otros la evaluación está a cargo de un centro nacional de investigaciones, un consorcio de entidades educativas, una universidad o un consejo examinador. En tercer lugar, la participación de las escuelas puede ser voluntaria u obligatoria. Cuando es voluntaria, la falta de participación de algunas escuelas siempre suele influir sobre los resultados y causar una interpretación errónea de los niveles de logro en el sistema educativo.

A pesar de que la mayoría de los países industrializados cuentan con sistemas de evaluación nacional desde hace un tiempo, fue recién en la década de 1990 que la capacidad para administrar evaluaciones se extendió a otras partes del mundo. Por ejemplo, se desarrolló rápidamente en la década de 1990 un sistema de evaluaciones nacionales en países de América Latina y el Caribe, a menudo con el fin de aportar datos para fundamentar las reformas educativas (Rojas y Esquivel, 1998). Dicho desarrollo representó un cambio de enfoque en el modo de evaluar la calidad y el énfasis pasó de la instrucción educativa a los resultados, según la Declaración de Jomtien (véase la Declaración Mundial sobre Educación para Todos, 1990). El artículo 4 de la declaración de Jomtien establece que la educación básica debe centrarse « en las adquisiciones y los resultados efectivos del aprendizaje, en vez de prestar exclusivamente atención al hecho de matricularse, de participar de forma continuada en los programas de instrucción y de obtener el certificado final » (Declaración Mundial sobre Educación para Todos, 1990, 5). De manera más reciente, el Marco de Acción de Dakar (UNESCO, 2000), que se confeccionó 10 años después de la Declaración de Jomtien, también hizo hincapié en la importancia de los resultados del aprendizaje. Entre los 7 objetivos enumerados, se encuentra el de mejorar, antes de 2015, « todos los aspectos cualitativos de la educación […] para que todos consigan resultados de aprendizaje reconocidos y mensurables, especialmente en lectoescritura, cálculo aritmético y competencias prácticas esenciales » (UNESCO, 2000, iv, 7).

Estas declaraciones ponen de manifiesto que, en los países comprometidos con los objetivos de la Educación para Todos (EPT), los esfuerzos por mejorar la calidad de la educación deberán estar acompañados por mecanismos que brinden información sobre el aprendizaje de los alumnos. Como consecuencia, el apoyo de los gobiernos nacionales y los organismos donantes para monitorear el rendimiento de los alumnos a través de evaluaciones nacionales ha aumentado considerablemente. Se supone con frecuencia no solo que las evaluaciones nacionales brindarán información sobre el estado de la educación, sino también que el uso de dicha información provocará mejoras en los logros de los alumnos. Aún no se sabe si esas mejoras finalmente tendrán lugar. Hasta el momento, la posibilidad de que EPT y el monitoreo constante de los niveles de rendimiento provoquen una mejora en los estándares de aprendizaje parece no haberse hecho realidad (Postlethwaite, 2004). Este resultado probablemente se debe a que, a pesar de que la EPT ocasionó un rápido aumento en los índices de asistencia escolar, los recursos no aumentaron en proporción (especialmente los docentes capacitados). Además, la información que se ha obtenido de las evaluaciones ha sido a menudo de baja calidad y, aun cuando no lo ha sido, no se la ha considerado en la toma de decisiones.

Todas las evaluaciones nacionales buscan dar respuesta a una o más de las siguientes preguntas:

- ¿Cuál es el nivel de aprendizaje que alcanzan los alumnos en el sistema educativo (en relación con las expectativas generales, los objetivos delineados en el currículo, la preparación necesaria para continuar aprendiendo, la preparación necesaria para la vida)?
- ¿Los datos obtenidos revelan fortalezas y debilidades específicas de los conocimientos y las habilidades de los alumnos?
- ¿Algún subgrupo específico de la población presenta bajo nivel de desempeño? ¿Existe desigualdad, por ejemplo, entre los logros de (a) los niños y las niñas, (b) los alumnos de zonas rurales y los de zonas urbanas, (c) los alumnos de diferentes grupos étnicos o idiomas, o (d) los alumnos de diferentes regiones del país?
- ¿Qué factores están asociados al rendimiento de los alumnos? ¿En qué medida varía el rendimiento en relación con las características del entorno (por ejemplo, recursos de la escuela, competencia y preparación de los docentes, tipo de escuela) o con las circunstancias del hogar o la comunidad?
- ¿Se cumple con los estándares de gobierno en la provisión de los recursos (por ejemplo, libros de texto, formación de los docentes y otros insumos de calidad)?
- ¿Los logros de los estudiantes cambian a través del tiempo? Esta pregunta puede ser particularmente relevante si se están realizando reformas en el sistema educativo. Para responder a esta pregunta es necesario contar con evaluaciones que arrojen datos comparables a lo largo del tiempo (Kellaghan y Greaney, 2001b y 2004).

La mayoría de estas preguntas fueron abordadas en el diseño y la implementación de la evaluación nacional de Etiopía (véase recuadro 2.1).

Una característica particular de la estrategia que utilizó Vietnam para la evaluación nacional fue que, además de evaluar el rendimiento de los alumnos, se centró fuertemente en los insumos fundamentales, tales como las condiciones físicas de la escuela, el acceso a materiales educativos y la formación de los docentes (véase recuadro 2.2).

RECUADRO 2.1

Etiopía: objetivos de la evaluación nacional

1. Determinar el nivel de rendimiento académico y desarrollo actitudinal de los alumnos en la educación primaria en Etiopía.
2. Analizar las diferencias en los logros de los alumnos según la región, el sexo, la ubicación geográfica y el idioma de instrucción.
3. Explorar los factores que influyen en el rendimiento de los alumnos de educación primaria.
4. Monitorear el progreso en los logros de aprendizaje de los alumnos a partir del primer estudio en 1999/2000.
5. Reforzar la capacidad del sistema educativo para realizar la evaluación nacional.
6. Crear datos de referencia confiables para el futuro.
7. Generar recomendaciones para la creación de políticas que mejoren la calidad de la educación.

Fuente: Etiopía, Organización Nacional de Exámenes 2005.

RECUADRO 2.2

Ejemplos de las preguntas abordadas en la evaluación nacional de Vietnam

Preguntas relacionadas con los insumos

- ¿Cuáles son las características de los alumnos de 5.° grado?
- ¿Cuáles son las condiciones de la enseñanza en las aulas de 5.° grado y en las escuelas primarias?
- ¿Cuáles son las condiciones de edificación generales de la escuela?

Preguntas relacionadas con los estándares de calidad educativa

- ¿Se cumplió con los estándares del ministerio en relación con
  - la cantidad de alumnos en las clases?
  - los muebles del aula?
  - la capacitación del personal?

(continúa)

> **RECUADRO 2.2** *(continúa)*
>
> Preguntas relacionadas con la equidad en los insumos escolares
>
> - ¿Hubo equidad entre las provincias, y entre las escuelas dentro de una misma provincia, con respecto a los siguientes insumos?
>   - Recursos materiales
>   - Recursos humanos
>
> Preguntas relacionadas con el rendimiento
>
> - ¿Qué porcentaje de alumnos alcanzó los diferentes niveles de habilidad en comprensión lectora y matemáticas?
> - ¿Cuál fue el nivel de los docentes de 5.° grado en comprensión lectora y matemáticas?
>
> Preguntas relacionadas con factores que influyen sobre el rendimiento
>
> - ¿Cuáles fueron los principales factores que explican las diferencias en el rendimiento en comprensión lectora y matemáticas?
> - ¿Cuáles fueron las principales variables que marcaron las diferencias entre las escuelas más y menos eficaces?
>
> *Fuente:* Banco Mundial 2004.

¿CUÁLES SON LOS PRINCIPALES ELEMENTOS DE UNA EVALUACIÓN NACIONAL?

Si bien las evaluaciones nacionales pueden ser diferentes en cuanto al modo en que son implementadas, suelen tener una cantidad de elementos en común (véase recuadro 2.3 y Kellaghan y Greaney 2001b, 2004).

> **RECUADRO 2.3**
>
> **Elementos principales de una evaluación nacional**
>
> - El ministerio de educación (MdE) designa a un organismo encargado de la implementación dentro del ministerio o a un organismo externo independiente (por ejemplo, el departamento de una universidad o una empresa de investigaciones), y lo financia.
> - El MdE determina las necesidades de políticas que deben ser abordadas en la evaluación, a veces con el asesoramiento de los principales interesados en la educa-
>
> *(continúa)*

RECUADRO 2.3 *(continúa)*

ción (por ejemplo, los representantes de los docentes, especialistas en currículos, empresarios y padres).

- El MdE, o un comité director propuesto por él, establece la población que será evaluada (por ejemplo, alumnos de cuarto grado).
- El MdE determina el área que será evaluada (por ejemplo, la lectoescritura o las nociones elementales de cálculo aritmético).
- El organismo encargado de la implementación define el área de rendimiento y la describe según su contenido y sus habilidades cognitivas.
- El organismo encargado de la implementación prepara las pruebas de rendimiento, los cuestionarios de apoyo y los manuales para la administración de las pruebas, y toma las medidas para garantizar su validez.
- El organismo encargado de la implementación realiza una prueba piloto con las pruebas y los documentos de apoyo. Luego el comité director y otros organismos competentes (a) determinan si el currículo es adecuado y (b) aseguran que los ítems reflejen aspectos de género, grupo étnico y sensibilidades culturales.
- El organismo encargado de la implementación selecciona la muestra (o población) de escuelas o alumnos que serán objetivo del estudio, organiza la impresión de los materiales y se comunica con las escuelas seleccionadas.
- El organismo encargado de la implementación capacita a los examinadores (por ejemplo, docentes de aula, inspectores de escuela o estudiantes universitarios graduados).
- Los instrumentos de la encuesta (pruebas y cuestionarios) se administran en las escuelas, en una fecha determinada y bajo la dirección general del organismo encargado de la implementación.
- El organismo encargado de la implementación es el responsable de la recolección de los instrumentos de la encuesta, su corrección, y la depuración y preparación de los datos para el análisis.
- El organismo encargado de la implementación determina la confiabilidad de los instrumentos y procedimientos de la evaluación.
- El organismo encargado de la implementación realiza el análisis de los datos.
- El organismo encargado de la implementación prepara el borrador de los informes y el comité director lo revisa.
- El organismo encargado de la implementación prepara los informes finales y los entrega a las autoridades correspondientes.
- El MdE y otros actores pertinentes revisan los resultados a la luz de las necesidades de las políticas que pretenden abordar y toman las medidas necesarias.

La lista de elementos en el recuadro 2.3 muestra claramente que se requiere mucha reflexión y preparación antes de que los alumnos realicen las tareas de evaluación. Se debe designar a un organismo responsable para la recolección de los datos, se debe tomar decisiones sobre las políticas que necesitan ser abordadas, y se debe diseñar y someter a prueba los cuestionarios y exámenes. Durante la preparación de la evaluación real, es necesario establecer las muestras (o poblaciones) de escuelas o alumnos, contactar con las escuelas, y seleccionar y capacitar a los examinadores. En algunos países (por ejemplo, India, Vietnam y algunos países africanos), los docentes han sido evaluados con las mismas tareas realizadas por los alumnos (véase A.1 y A.2 en el apéndice A y C.1 en el apéndice C). Luego de la administración del examen, se necesita mucho tiempo y esfuerzo para la preparación y el análisis de los datos y para la redacción de los informes.

Los países de ingreso bajo deben enfrentar muchos más problemas que los que enfrenta cualquier otro país para realizar una evaluación nacional. Los presupuestos para la educación suelen ser muy escasos. Según datos de 2005 (Banco Mundial 2007), algunos países destinan el 2 %, o menos, de su producto interno bruto a la educación pública (por ejemplo, Bangladesh, Camerún, la República de Chad, la República Dominicana, Guinea, Kazajistán, la República Democrática Popular Lao, Mauritania, Pakistán, Perú, la República del Congo, los Emiratos Árabes Unidos y Zambia) en comparación con la mayoría de los países de ingreso medio y alto, que destinan más del 5 %.

Las múltiples demandas dentro del sector educativo para satisfacer aspectos tales como la construcción de escuelas, la capacitación de los docentes y la provisión de materiales didácticos pueden tener como resultado una insuficiencia de fondos para el monitoreo del logro educativo. Además, muchos países de ingreso bajo, y hasta medio, tienen una capacidad institucional muy débil para realizar la evaluación nacional, y también deben enfrentar problemas administrativos y comunicacionales adicionales causados por caminos, sistemas de correo y servicio de teléfono deficientes. Finalmente, en los países de ingreso bajo, la amplia diferencia de logros entre las escuelas requiere una muestra muy grande (véase UNEB 2006; Banco Mundial 2004).

¿CUÁL ES LA DIFERENCIA ENTRE LA EVALUACIÓN NACIONAL Y LOS EXÁMENES PÚBLICOS?

Los exámenes públicos cumplen un rol fundamental en muchos sistemas educativos, pues permiten certificar el rendimiento estudiantil, seleccionar alumnos para continuar los estudios y crear estándares sobre lo que se enseña y se aprende en las escuelas. Ocasionalmente, se cree que los exámenes públicos brindan la misma información que una evaluación nacional, y en consecuencia parece que no es necesario un sistema de evaluación nacional en un país que cuente con un sistema de exámenes públicos. Sin embargo, los exámenes públicos no brindan el mismo tipo de información que pretende brindar la evaluación nacional.

En primer lugar, dado que los exámenes públicos cumplen un rol importante en la selección de alumnos (para los próximos niveles del sistema educativo y, a veces, para puestos de trabajo), procuran discriminar entre los alumnos con rendimiento relativamente alto y por lo tanto suelen no cubrir el currículo de manera adecuada. En segundo lugar, los exámenes, como también las características de los alumnos que los toman, cambian todos los años, y en consecuencia limitan la posibilidad de hacer inferencias mediante las comparaciones a través del tiempo. En tercer lugar, el hecho de que las "consecuencias importantes" estén vinculadas al rendimiento (es decir, cómo les va a los alumnos en un examen tiene importantes consecuencias para ellos y probablemente para sus docentes) significa que los docentes (y los estudiantes) suelen centrarse en aquellas áreas del currículo examinadas en detrimento de otras áreas importantes que no son examinadas (por ejemplo, habilidades prácticas); de manera que el rendimiento en el examen no refleja precisamente el currículo oficial. Si bien hay algunas excepciones, en una evaluación nacional no se toma decisiones sobre alumnos, docentes o escuelas individuales.

En cuarto lugar, normalmente se requiere información sobre el rendimiento estudiantil en edades previas a aquellas en las que se realizan los exámenes públicos. En quinto lugar, el tipo de información contextual que se utiliza en la interpretación de los datos sobre rendimiento recopilados en una evaluación nacional no se tiene en cuenta para la interpretación de los resultados en los exámenes públicos (Kellaghan, 2006). La tabla 2.1 resume las principales diferencias entre las evaluaciones nacionales y los exámenes públicos.

TABLA 2.1

Diferencias entre las evaluaciones nacionales y los exámenes públicos

	Evaluaciones nacionales	Exámenes públicos
Propósito	Proporcionar retroalimentación a los responsables de las políticas.	Certificar y seleccionar alumnos.
Frecuencia	Regular para materias individuales (por ejemplo cada cuatro años).	Anual o aún con más frecuencia cuando el sistema permite repetirlos.
Duración	Uno o dos días.	Pueden extenderse durante unas semanas.
¿Quién es evaluado?	Normalmente, una muestra de alumnos de un grado o una edad específicos.	Todos los alumnos que deseen tomar el examen y se encuentren en el nivel examinado.
Formato	Normalmente, un cuestionario de opción múltiple con respuestas cortas.	Normalmente, un ensayo y un cuestionario de opción múltiple.
Consecuencias: importancia para los alumnos, los docentes y otros	Poca importancia.	Gran importancia.
Cobertura del currículo	Generalmente se limita a una o dos materias.	Cubre las materias principales.
Efecto en la enseñanza	Efecto directo reducido.	Principal efecto: los docentes tienden a enseñar lo que se evalúa en el examen.
Clases adicionales para los alumnos	Poco probable.	Con frecuencia.
¿Los alumnos obtienen resultados?	Raramente.	Sí.
¿Se recaba información adicional de los alumnos?	Con frecuencia, mediante cuestionarios para los alumnos.	Raramente.
Puntaje	Normalmente implica técnicas de estadística sofisticadas.	Normalmente se utiliza un sistema simple, basado en un esquema de puntuación predeterminado.

(continúa)

TABLA 2.1 *(continúa)*

Efecto en el nivel de logros del alumno	Es poco probable que tenga efecto.	Los resultados bajos o la posibilidad de no aprobar pueden causar abandono escolar precoz.
Capacidad para evaluar la tendencia en los niveles de rendimiento a lo largo del tiempo	Apropiada si las pruebas están diseñadas teniendo en cuenta el monitoreo.	No es apropiado, pues las preguntas de evaluación y las poblaciones de candidatos cambian de un año a otro.

CAPÍTULO  ¿POR QUÉ LLEVAR A CABO UNA EVALUACIÓN NACIONAL?

Se toma la decisión de llevar a cabo una evaluación nacional por múltiples razones. Frecuentemente, las evaluaciones nacionales reflejan los esfuerzos de un gobierno por "modernizar" su sistema educativo introduciendo un enfoque de gestión de negocios (corporativista) (Kellaghan 2003). Este enfoque toma conceptos utilizados en el mundo de la empresa, tales como la planificación estratégica y el énfasis en productos concretos y resultados, y puede incluir la responsabilidad basada en el rendimiento. Desde esta perspectiva, una evaluación nacional es una herramienta para brindar retroalimentación acerca de un número reducido de medidas de los resultados, consideradas importantes por legisladores, políticos y la comunidad educativa en general.

Un objetivo clave de este enfoque es brindar información acerca del funcionamiento del sistema educativo. Muchos gobiernos carecen de información básica sobre algunos aspectos del sistema—especialmente con respecto al nivel de logros de los alumnos—e incluso sobre algunos de sus insumos básicos. Las evaluaciones nacionales pueden proporcionar esta información, un prerrequisito clave para la formulación de políticas racionales. Por ejemplo, la evaluación nacional de Vietnam determinó que muchas aulas carecían de recursos básicos (Banco Mundial 2004). Por ejemplo, Del mismo modo/De modo similar, la evaluación de Zanzíbar reveló que el 45 por ciento de los alumnos no tenía un lugar para sentarse (Nassor y Mohammed 1998). La evaluación nacional de Bután destacó que algunos alumnos debían viajar varias horas al día para ir a la escuela y regresar (Bután, Junta de Examinadores, Ministerio de Educación 2004). La evaluación de Namibia mostró que muchos profesores tenían un dominio limitado de habilidades básicas en inglés y matemáticas (Makuwa 2005).

La necesidad de obtener información respecto de lo que los alumnos aprenden en la escuela adquiere una importancia creciente con el desarrollo de la denominada economía del conocimiento. Algunos analistas argumentan que los alumnos necesitarán niveles más altos de conocimiento y habilidades que en el pasado, particularmente en las áreas de matemáticas y ciencia, si han de participar de manera significativa en el mundo del trabajo en el futuro. Asimismo, dado que la globalización aumenta el acceso rápido a productos y servicios, se considera que la capacidad de un país de competir exitosamente depende en gran medida de las habilidades de los trabajadores y el personal directivo para el uso del capital y la tecnología. Este factor podría apuntar a la necesidad de comparar el desempeño de los alumnos en el sistema educativo propio con el desempeño de los alumnos en otros sistemas, aunque existe el riesgo de asignar demasiada importancia a los logros colectivos de los alumnos al explicar el crecimiento económico, dado el gran número de factores que esto supone (Kellaghan y Greaney 2001a).

Las evaluaciones nacionales, cuando se llevan a cabo a lo largo de un período de tiempo, sirven para determinar si los estándares mejoran, empeoran o se mantienen estáticos. Muchos países en desarrollo se enfrentan al problema de que a la vez que aumenta el número de matriculados, se construyen nuevas escuelas y surge la necesidad de capacitar a un gran número de docentes, se intenta mejorar la calidad de la educación, algunas veces en un contexto de reducción de presupuesto. En esta situación, los gobiernos necesitan monitorear los niveles de rendimiento académico para determinar cómo los cambios en la matrícula y las condiciones presupuestarias afectan las condiciones del aprendizaje. De lo contrario, se corre el riesgo de que un aumento de la tasa de matrículas se considere fácilmente como evidencia de una mejora en la calidad de la educación.

Se ha utilizado la información de evaluaciones nacionales para monitorear el rendimiento a lo largo del tiempo. Una serie de estudios en África entre 1995-96 y 2000-01 reveló una caída significativa en las calificaciones de comprensión lectora en Malaui, Namibia y Zambia (véase gráfico C.1.2 en el apéndice C). En Estados Unidos, la Evaluación Nacional del Progreso Educativo (NAEP), que ha monitoreado los niveles de logro en lectura a lo largo de casi tres décadas, comprobó que aunque los niños negros e hispanos de nueve años redujeron la brecha en el nivel de logros con respecto a los blancos hasta alrededor de 1980, posteriormente, el diferencial de resultados se mantuvo relativamente constante (gráfico 3.1). También, en Estados Unidos, la NAEP permitió descubrir niveles variables de comprensión lectora en varios estados (figura 3.2). En Nepal se utilizaron los resultados de evaluaciones nacionales para monitorear (a) los cambios en el nivel de rendimiento durante el período 1997-2011 y, en particular, (b) los efectos de las decisiones tomadas con respecto a políticas presupuestarias, planes de estudio, libros de texto, material didáctico y capacitación docente (véase A.6 en el apéndice A). Cuando la información de evaluaciones nacionales se utiliza para monitorear el rendimiento académico a lo largo del tiempo, debe utilizarse la misma

FIGURA 3.1

La brecha en el nivel de rendimiento de los alumnos de nueve años en Estados Unidos, Evaluación de comprensión lectora de NAEP 1971-99

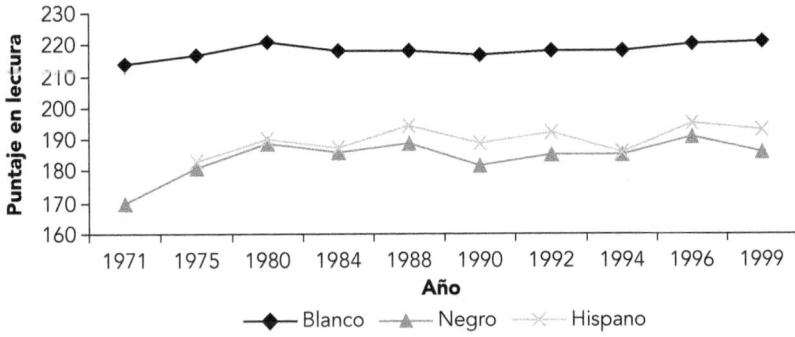

Fuente: Winograd y Thorstensen 2004.

Porcentaje de alumnos de cuarto grado con un nivel "competente" o superior en lectura, NAEP 1992-2003

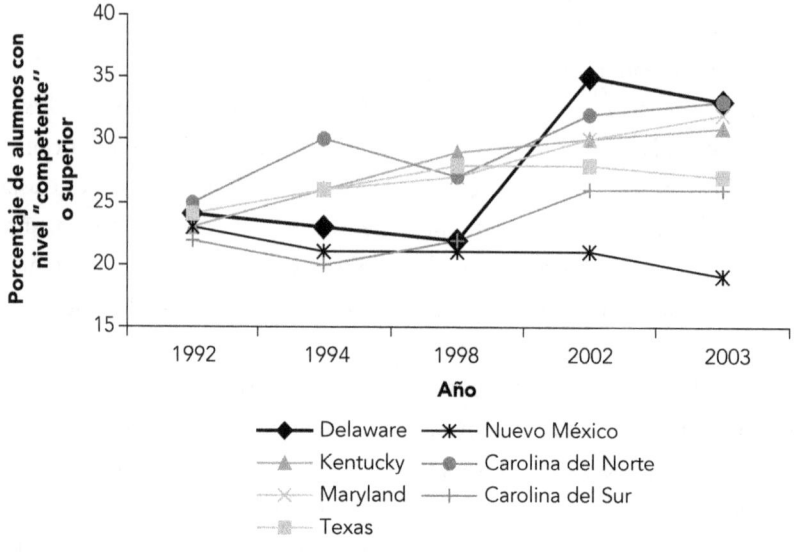

Fuente: Winograd y Thorstensen 2004.

prueba en cada evaluación o, si se utilizan distintas pruebas, algunos ítems deben ser comunes para permitir igualar o relacionar el desempeño en cada prueba. En ambos casos, los ítems comunes deben mantenerse a resguardo para que la familiaridad de alumnos o profesores con su contenido no invalide la comparación.

Otros usos de las evaluaciones nacionales dependen de si los datos fueron recolectados en una muestra de escuelas o en un censo en el que se obtiene información de todas (o la mayoría) de las escuelas. En ambos casos, los resultados pueden utilizarse para proporcionar orientación a los legisladores interesados en mejorar la calidad de la educación. Por ejemplo, los resultados pueden ayudar a los gobiernos a estimar la fuerza de la relación entre la calidad del aprendizaje de los alumnos y varios factores sobre los cuales tienen algo de control (por ejemplo, la disponibilidad de libros de texto, el tamaño de las clases y el número de años de formación docente).

Un análisis de las conclusiones puede llevar a decisiones que afecten a la provisión de recursos en el sistema educativo en general (por ejemplo, para la reforma de programas educativos o para formación docente) o en categorías de escuelas con características particulares (por ejemplo, escuelas en zonas rurales o con alumnos de áreas socioeconómicamente desfavorecidas). Abundan ejemplos del uso de las conclusiones de evaluaciones nacionales para estos fines. Se han utilizado en Australia para diseñar programas con el fin de aumentar la participación y el desempeño de las niñas en matemáticas o ciencias (Keeves 1995), han impulsado la reforma de currículos educativos en países de renta media y baja (Elley 2005), han contribuido a la reasignación de recursos hacia las escuelas más pobres en Chile (véase A.7 en el apéndice A) y han promovido la profesionalización docente en Uruguay (véase A.3 en el apéndice A).

Los resultados de una evaluación nacional también pueden utilizarse para cambiar las prácticas en el aula (Horn, Wolff y Vélez 1992). Sin embargo, brindar información a profesores y lograr cambios conductuales que aumenten de manera sustancial los logros de los alumnos no es tarea fácil. La presión sobre escuelas y clases para que cambien es mayor cuando los resultados de una evaluación nacional se basan en un censo, y no en una muestra, y cuando el desempeño adquiere una importancia crucial. Las autoridades pueden o bien no realizar ninguna otra acción específica más allá de la publicación de la información relativa al desempeño (por ejemplo, en tablas clasificatorias), o bien asociar a los resultados un sistema de premios y castigos. Éstos pueden adoptar la forma de recompensas por mejor desempeño (por ejemplo, escuelas, profesores o ambos reciben incentivos económicos si los alumnos alcanzan objetivos específicos), o de "castigo" por desempeño deficiente (por ejemplo, la falta de promoción de alumnos o el despido de profesores) (véase A.7 en el apéndice A para una breve descripción del programa de recompensas en Chile).

Cuando una evaluación nacional obtiene información acerca del rendimiento de los alumnos de todas las escuelas (o muchas de ellas), algunos responsables de las políticas pueden verse tentados a utilizar la información para juzgar la calidad de los profesores o las escuelas. Obviamente, profesores y alumnos deberían asumir una parte de la responsabilidad por el aprendizaje, pero el rol de las instituciones, los organismos y los individuos que ejercen control sobre los recursos y las actividades de las escuelas también debiera verse reflejado en un sistema de rendición de cuentas. Una asignación justa de responsabilidades entre todas las partes interesadas es importante, tanto si la evaluación se basa en una muestra como en un censo. La evaluación nacional de Uruguay es un buen ejemplo de reconocimiento de la responsabilidad en los logros de los alumnos por parte de una multiplicidad de actores (incluido el Estado) (véase A.3 en el apéndice A).

En algunos casos, una evaluación nacional puede tener simplemente un rol simbólico, diseñado para legitimar la acción del Estado al adoptar modelos de modernidad aceptados internacionalmente y al imbuir al proceso de formulación de normas de una apariencia de racionalidad científica (Benveniste 2000, 2002; Kellaghan 2003). Cuando es este rol el que motiva una evaluación nacional, el acto de evaluar puede tener un significado mayor que sus resultados. Si una evaluación nacional se lleva a cabo simplemente para cumplir con los requerimientos de un organismo donante, o incluso para cumplir con los compromisos de un país de monitorear el progreso para alcanzar los Objetivos de Desarrollo del Milenio, puede tener poco más que un valor simbólico, y sus conclusiones pueden no ser consideradas seriamente en la gestión del sistema educativo o la formulación de políticas.

CAPÍTULO 4 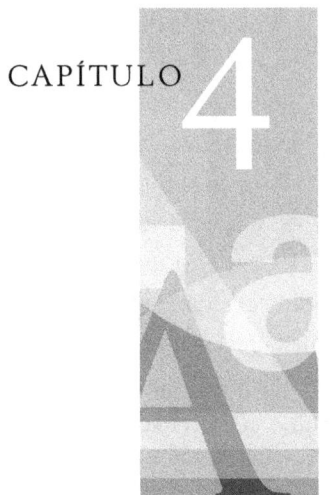# DECISIONES EN UNA EVALUACIÓN NACIONAL

En este capítulo, examinamos 12 decisiones necesarias a la hora de planificar una evaluación nacional (véase Greaney y Kellaghan 1996; Kellaghan 1997; y Kellaghan y Greaney 2001b, 2004).

¿QUIÉN DEBE GUIAR NORMATIVAMENTE LA EVALUACIÓN NACIONAL?

El ministerio de educación debe designar un comité director nacional (CDN) que oriente globalmente al organismo que llevará a cabo la evaluación. Dicho comité puede ayudar a garantizar que la evaluación nacional tenga la consideración debida y se aborden las cuestiones políticas clave de interés para el ministerio y otros actores. Podría asimismo ayudar a solucionar problemas administrativos y financieros graves que surjan ocasionalmente durante la puesta en práctica de la evaluación nacional. Conceder al CDN un cierto grado de control sobre la dirección y el propósito de la evaluación nacional incrementa la probabilidad de que los resultados de la evaluación sean determinantes en las políticas que se formulen en el futuro.

La composición del CDN variará de un país a otro, dependiendo de la estructura de poder dentro del sistema educativo. Además de representantes del ministerio de educación, los CDN podrían incluir a representantes de los principales grupos étnicos, religiosos y lingüísticos, así como aquellos grupos cuyos miembros previsiblemente actuarán sobre los resultados (como formadores de docentes, profesores, inspectores escolares y responsables del currículo). El recuadro 4.1 contiene un listado de miembros integrantes del comité director de una evaluación nacional en Sierra Leona propuestos por los participantes en un taller internacional. Tener en cuenta las necesidades de información de las diversas partes interesadas debería ayudar a garantizar que el ejercicio de evaluación nacional no derive en un informe criticado o ignorado por su incapacidad de abordar las cuestiones "pertinentes".

No debe sobrecargarse de reuniones al CDN ni se le debe exigir que se ocupe de tareas de ejecución rutinarias relacionadas con la evaluación nacional. En algunos casos, el CDN podrá proporcionar orientación en la etapa inicial, fijando el propósito y las razones de la evaluación, determinando las áreas curriculares y los cursos que se evaluarán, o seleccionando el organismo u organismos encargados de

RECUADRO 4.1

Propuesta de miembros integrantes del CDN en Sierra Leona

- Comisión de Educación Básica
- Movimiento de la sociedad civil
- Secretaría descentralizada
- Director General de Educación (presidente)
- Dirección de Planificación Educativa
- Consejo Interreligioso
- Centro de desarrollo para la investigación curricular nacional
- Sindicato de Profesores de Sierra Leona
- Oficina de Estadística de Sierra Leona
- Escuelas de formación del profesorado
- Consejo de Exámenes de África Occidental

llevar a cabo la evaluación, si bien dichos aspectos podrán decidirse igualmente antes de establecer el comité. El CDN será más activo probablemente al comienzo del ejercicio de evaluación, mientras que la agencia implementadora será responsable de la mayor parte del trabajo de detalle, como puede ser el desarrollo de los instrumentos, el muestreo, el análisis y la elaboración de informes. La agencia implementadora, no obstante, debe proporcionar al CDN borradores de las pruebas y cuestionarios así como descripciones de los procedimientos propuestos de forma que los miembros del comité puedan orientar, garantizándose así que las necesidades de información que originaron la evaluación en primera instancia se aborden adecuadamente. Los miembros del CDN deben también revisar los informes preliminares preparados por la agencia implementadora.

Responsabilidad de orientar normativamente: ministerio de educación.

¿QUIÉN DEBE LLEVAR A CABO LA EVALUACIÓN NACIONAL?

Una evaluación nacional debe ser llevada a cabo por un equipo u organización con credibilidad cuyo trabajo inspire respeto y aumente la probabilidad de que sus conclusiones sean aceptadas a gran escala. Los diversos países han asignado la responsabilidad de realizar las evaluaciones nacionales a grupos que pueden ser desde equipos específicos constituidos dentro del ministerio de educación, hasta organismos autónomos (universidades, centros de investigación) o equipos técnicos no nacionales. Cabe esperar que numerosos factores influyan en tal decisión, entre ellos los niveles de capacidad técnica nacional, así como las circunstancias administrativas y políticas. La tabla 4.1 contiene un listado de las posibles ventajas e inconvenientes de las diferentes categorías de agencias implementadoras que merece la pena considerar a la hora de decidir quién debería llevar a cabo una evaluación.

En algunos casos, las tradiciones y la legislación pueden imponer restricciones a la libertad de un ministerio de educación a la hora de elegir una agencia implementadora. En Argentina, por ejemplo, las provincias deben autorizar los contenidos curriculares que se evaluarán en la evaluación nacional. Inicialmente, se pidió a las provincias que produjeran ítems para las pruebas; sin embargo, muchas de las

TABLA 4.1
Opciones para llevar a cabo una evaluación nacional

Organismo designado	Ventajas	Inconvenientes
Formado con personal del ministerio de educación	Es probable que goce de la confianza del ministerio. Tiene acceso fácil a personal, materiales y datos clave (por ejemplo, datos sobre la población escolar). Ahorro de fondos para el pago de personal.	Las conclusiones pueden estar sujetas a manipulación política, incluida su supresión. Otras partes interesadas pueden juzgarlas con escepticismo. El personal puede tener que asumir muchas otras tareas. Puede haber carencia de capacidad técnica.
Formado con personal de la unidad examinadora pública	Suele tener credibilidad. Tiene experiencia en la realización de evaluaciones seguras. Ahorro de fondos para el pago de personal. Pueden transferirse algunas capacidades técnicas (por ejemplo, desarrollo de pruebas) para mejorar la unidad examinadora. Es más probable que sea sostenible frente a otros modelos.	El personal puede tener que asumir muchas otras tareas. Su capacidad técnica puede ser baja. Puede carecer de acceso fácil a los datos. Su experiencia en examinación pública puede llevar a que los exámenes sean demasiado difíciles.
Formado con personal investigador/universitario	Las conclusiones pueden gozar de más credibilidad para las partes interesadas. Mayor probabilidad de que sean competentes técnicamente. Pueden hacer uso de los datos para estudios adicionales del sistema educativo.	Deben recabar fondos para costear los gastos de personal. Puede ser menos sostenible que otros modelos. Puede entrar en conflicto con el ministerio de educación.

(continúa)

TABLA 4.1 *(continúa)*

Organismo designado	Ventajas	Inconvenientes
Contratado como asistencia técnica (AT) extranjera	Es más probable que sean competentes técnicamente. La naturaleza del financiamiento puede garantizar que se concluya a tiempo.	Es probable que resulte caro. Puede que no sea sensible al contexto educativo. Dificultad de garantizar la sostenibilidad de la evaluación. Posiblemente la mejora de la capacidad nacional será escasa.
Constituido por un equipo nacional apoyado por AT internacional	Puede mejorar la capacidad técnica de los nacionales. Puede garantizar la terminación a tiempo. Puede añadir credibilidad a los resultados.	Posiblemente resultará difícil coordinar el trabajo de los miembros del equipo nacional y la AT. Podría ser difícil garantizar la transferencia de conocimientos especializados a los nacionales.
Equipo del ministerio apoyado por AT nacional	Puede garantizar el apoyo del ministerio a la vez que se obtiene AT nacional. Menos caro que la AT internacional.	La AT nacional puede carecer de la capacidad técnica necesaria. Pueden intervenir otros inconvenientes potenciales ligados al ministerio de educación.

provincias carecían de la capacidad técnica para ello. En una etapa posterior, se presentó a las provincias un conjunto de preguntas de muestra para su aprobación y la Dirección Nacional de Información y Evaluación de la Calidad Educativa (DiNIECE) elaboró los instrumentos de evaluación definitivos a partir del grupo de ítems previamente aprobados. Más recientemente, los ítems de las pruebas han sido diseñados de forma independiente por personal universitario y aprobados por el Consejo Federal Nacional. La DiNIECE sigue siendo la responsable del diseño de las pruebas de rendimiento académico, los análisis de los resultados y la coordinación general de las actividades de evaluación nacional.

A la hora de designar al responsable de una evaluación nacional, merece la pena reflexionar sobre la amplia variedad de destrezas requeridas para llevar a cabo esta tarea. Esta cuestión se aborda con mayor detalle en *Implementación de una evaluación nacional del rendimiento académico* (libro 3 de esta serie). Una evaluación nacional es fundamentalmente un esfuerzo de equipo. El equipo debe ser flexible, estar dispuesto a trabajar bajo presión y de manera colaborativa, y estar preparado para aprender nuevos enfoques evaluativos y tecnológicos. El jefe del equipo debe tener sólidas capacidades de gestión. Se le exigirá organizar al personal, coordinar y programar las actividades, respaldar la formación, así como asegurar el financiamiento y efectuar su control. El jefe del equipo debe tener sagacidad política, ya que deberá rendir cuentas a un CDN y actuar de enlace con organismos gubernamentales y representantes de partes interesadas (como profesores y organismos religiosos) a nivel nacional, regional y, en algunos casos, distrital.

El equipo debe tener habilidades ejecutoras u operativas de alto nivel. Entre las tareas que deben llevarse a cabo se incluye organizar talleres para redactores de ítems y examinadores; disponer la impresión y distribución de las pruebas, los cuestionarios y los manuales; contactar con las escuelas; desarrollar materiales formativos; y recopilar y registrar los datos. Será necesario contar con un pequeño equipo especializado de desarrolladores de pruebas para analizar el currículo, desarrollar tablas de especificaciones o un documento de especificaciones técnicas de las pruebas, redactar ítems, seleccionar ítems después de efectuar pruebas previas o pruebas piloto, y asesorar sobre las puntuaciones. Tras la administración de las pruebas, deberán puntuarse las preguntas de respuesta abierta y las de respuesta múltiple.

El equipo requerirá apoyo por parte de una o más personas con competencias estadísticas y analíticas en selección de muestras, ponderación de datos, ingreso de datos y preparación de archivos, análisis de los datos de las pruebas respecto a los ítems así como análisis estadístico general de los resultados globales, y en preparación de datos para otros (por ejemplo, académicos y estudiantes de posgrado) para llevar a cabo análisis secundarios. Muchos países en desarrollo carecen de capacidad en este último aspecto, lo que lleva a situaciones en que los datos se recopilan pero nunca se analizan o comunican de forma adecuada.

El equipo debe contar con el personal necesario para redactar y difundir los resultados, los comunicados de prensa, así como folletos o boletines informativos específicos.

Cabe esperar también razonablemente que desempeñe un papel clave en la organización de talleres para profesores y otros funcionarios de educación a fin de que puedan debatir la importancia de los resultados y las implicaciones de los mismos para la enseñanza y el aprendizaje.

La mayoría de los miembros del equipo puede que trabajen a tiempo parcial y tengan contratos por obra y servicio. Esta categoría podría incluir a los redactores de ítems—en especial profesores en prácticas con buen conocimiento del currículo—y expertos en muestreo y análisis estadístico. Podría contratarse a miembros del equipo de entre personas externas al sector educativo. Por ejemplo, una oficina del censo nacional puede ser una buena fuente de conocimientos especializados sobre muestreo. Personal informático con la experiencia pertinente podría ayudar a hacer la depuración de datos, y periodistas podrían colaborar redactando comunicados de prensa atrayentes. Ni Camboya ni Etiopía utilizaron personal empleado a tiempo completo para llevar a cabo sus evaluaciones nacionales.

Responsabilidad de llevar a cabo la evaluación nacional: agencia implementadora (ministerio de educación, junta examinadora, agencia de investigación, universidad).

¿QUIÉN ADMINISTRARÁ LAS PRUEBAS Y CUESTIONARIOS?

Las tradiciones administrativas nacionales y las percepciones de los niveles de confianza, así como las fuentes de financiamiento, tienden a influir en la selección del personal responsable de administrar las pruebas y cuestionarios en una evaluación nacional. Las prácticas a este respecto varían. Por ejemplo, algunos países han usado a estudiantes de posgrado, mientras que Zambia ha incluido a inspectores escolares y funcionarios ministeriales en la administración de las pruebas y cuestionarios. Otros países han usado a profesores experimentados procedentes de escuelas que no participan o a profesores jubilados. En las Maldivas, un administrador de las pruebas debe pertenecer al profesorado de una escuela situada en una isla distinta a aquella en la que se encuentra la escuela evaluada.

Se debe seleccionar con cuidado a los administradores de las pruebas. Deben tener buenas habilidades organizativas, tener experiencia en el trabajo con las escuelas y comprometerse a seguir fielmente las directrices de las pruebas y los cuestionarios. Idealmente, deben tener experiencia lectiva, hablar en el mismo idioma y con el mismo acento que los estudiantes, y actuar con autoridad pero no de modo amenazante. El libro 3 de esta serie, *Implementación de una evaluación nacional del rendimiento académico*, examina las ventajas e inconvenientes de contar con profesores, inspectores, formadores docentes, personal de juntas examinadoras y estudiantes universitarios como administradores.

Aunque el uso de profesores de alumnos que están participando en la evaluación nacional como administradores de las pruebas puede parecer conveniente desde el punto de vista administrativo y muy rentable, raramente se hace, por diversas razones. Algunos profesores pueden sentir que se está evaluando su eficacia docente. Algunos pueden encontrar difícil el desistir de su práctica habitual de intentar ayudar a sus alumnos y podrían no ser capaces de ajustarse al enfoque formal de las pruebas. Algunos puede que hagan copias de las pruebas o los ítems de las pruebas, descartando así la posibilidad de utilizar dichos ítems en futuras evaluaciones nacionales. Hacer que los profesores administren las pruebas a sus propios alumnos podría también disminuir la percepción pública de la veracidad de los resultados de la evaluación.

Responsabilidad de administrar las pruebas y cuestionarios: agencia implementadora.

¿QUÉ POBLACIÓN SE EVALUARÁ?

Tal como se entiende el término habitualmente, las evaluaciones nacionales se refieren a encuestas llevadas a cabo en los sistemas educativos. Esta connotación, no obstante, no siempre ha existido. Cuando se efectuó la primera evaluación nacional en Estados Unidos (en 1969), se evaluó a los alumnos que habían concluido el ciclo escolar (de 17 y 18 años, junto con los adultos jóvenes de 26 a 35 años de edad), así como a los alumnos en activo (en ciudadanía, lectura y ciencias). La evaluación de los ex alumnos se suspendió, no obstante, a causa de su costo (Jones 2003). Las encuestas posteriores de alfabetización en adultos se llevaron a cabo de forma independiente de las evaluaciones nacionales.

La cuestión de evaluar a los niños de menor edad que no asisten a la escuela tiene más relevancia en muchos países en desarrollo que en Estados Unidos porque muchos niños en edad escolar no asisten a la escuela. Obviamente, los logros académicos de dichos niños (o la falta de ellos) son una cuestión de interés para los responsables normativos y para los políticos, y pueden tener especial relevancia para el sector educativo informal. Su inclusión en una evaluación nacional convencional es difícil de poner en práctica, no obstante. Aunque podría evaluarse a grupos concretos de jóvenes que no asisten a la escuela utilizando pruebas de evaluación nacionales en un estudio aparte, los métodos de evaluación y los procedimientos de muestreo serían por lo general muy diferentes, y habría que tener en cuenta las diversas circunstancias de tales jóvenes (por ejemplo, necesidades especiales, desventaja socioeconómica o distancia desde la escuela).

Por lo que se refiere a los niños en edad escolar, los responsables normativos quieren información sobre sus conocimientos y habilidades en momentos seleccionados de sus trayectorias educativas. Debe tomarse una decisión acerca de si las poblaciones se deben definir por cursos o, más bien por una combinación de edad y curso. En países en que varía mucho la edad de escolarización, y en los que imperan normas que impiden la promoción escolar, los alumnos de edad similar no estarán concentrados en el mismo curso. En esta situación, cabe defender con argumentos sólidos que es necesario enfocarse en el grado del alumno más que en su edad.

La decisión sobre qué grado se evaluará dependerá normalmente de las necesidades de información del ministerio de educación. Si, por ejemplo, el ministerio está interesado en conocer los niveles de logro académico de los alumnos que concluyen la escuela primaria, podría solicitar que se llevase a cabo una evaluación nacional hacia el último año de la escuela primaria (quinto o sexto grado en muchos países). El ministerio podría solicitar también una evaluación nacional en tercero o cuarto grado si necesitase datos sobre el desempeño estudiantil a mitad del ciclo de educación básica. Esta información podría utilizarse entonces para introducir medidas correctivas (como cursos prácticos para profesores) a fin de abordar los problemas ligados a aspectos específicos del currículo que se haya descubierto en la evaluación.

Los grados examinados en las evaluaciones nacionales han variado de un país a otro. En Estados Unidos, los niveles de rendimiento académico se evalúan en 4.°, 8.° y 12.° grado; en Colombia, el logro académico se evalúa en 3.°, 5.°, 7.° y 9.° grado; en Uruguay, en preescolar y en 1.°, 2.° y 6.° grado; y en Sri Lanka, en 4.°, 8.° y 10.° grado. En el África anglófona, un consorcio regional de sistemas educativos, el Consorcio del África Austral y Oriental para el Monitoreo de la Calidad de la Educación (SACMEQ), evaluó a los alumnos de 6.° grado. Los países del consorcio del África francófona que aplica el Programa de Análisis de los Sistemas Educativos de la CONFEMEN (Conferencia de Ministros de Educación de los Países de Habla Francesa) evaluó a los alumnos de 2.° y 5.° grado.

A veces la selección de los grados viene determinada por consideraciones pragmáticas. El Ministerio Federal de Educación de Nigeria decidió evaluar a los estudiantes de 4.° grado porque hacer las pruebas en cualquier nivel inferior habría requerido traducirlas a muchas lenguas locales. Los grados superiores no se consideraron adecuados ya que los alumnos y los profesores estarían centrados en los exámenes de acceso a secundaria.

Relativamente pocos países llevan a cabo evaluaciones a gran escala en 1.° y 3.° grado. Los alumnos de ese nivel podrían no ser capaces de comprender las instrucciones o hacer frente a las tareas cognitivas de la evaluación o al reto de completar las pruebas de opción múltiple. Un estudio jamaicano observó que un número considerable de alumnos de 1.° grado eran incapaces de reconocer las letras del alfabeto (Lockheed y Harris 2005). No obstante, debemos tener en cuenta que debido a que la información sobre las pautas de aprendizaje temprano de los alumnos puede ser crucial para los esfuerzos de reforma, debe contarse con procedimientos alternativos para controlar dichas pautas.

Responsabilidad de seleccionar la población que se evaluará: ministerio de educación y CDN.

¿SE EVALUARÁ UNA POBLACIÓN COMPLETA O UNA MUESTRA?

La mayoría de los estudios nacionales y todos los regionales e internacionales usan enfoques basados en muestras para determinar los niveles de rendimiento académico nacionales. Algunas evaluaciones nacionales han usado tanto enfoques basados en censo como basados en muestras (por ejemplo, Costa Rica, Cuba, Francia, Honduras, Jordania, México y Uruguay), mientras que la mayoría de las evaluaciones subnacionales recopilan datos censales (por ejemplo, Minas Gerais, Paraná y São Paulo, Brasil; Bogotá, Colombia; y Aguascalientes, México) (véase Crespo, Soares y deMello e Souza 2000). Varios factores favorecen el uso de una muestra si el objetivo es obtener información para políticas relativas al funcionamiento del sistema educativo en su conjunto. Estos factores son:

(a) menores costos en relación con la administración de las pruebas y con la depuración y gestión de los datos, (b) menor tiempo requerido para análisis y elaboración de informes, y (c) mayor exactitud debido a la posibilidad de efectuar una supervisión más intensa del trabajo de campo y la preparación de los datos (Ross 1987).

Como se ha observado en el capítulo 3, el propósito de una evaluación es clave a la hora de determinar si debe examinarse una muestra o la totalidad de la población estudiantil objeto del estudio. Por un lado, la decisión de incluir a toda una población puede reflejar una intención de promover la responsabilización de las escuelas, los profesores o incluso los alumnos. Facilita el uso de sanciones (incentivos o penalizaciones), la provisión de retroalimentación a escuelas concretas sobre su desempeño, y la publicación de tablas de clasificación, así como el reconocimiento de aquellas escuelas que más asistencia requerirían (por ejemplo, como en Chile y México). Por otro lado, el enfoque basado en muestras permite la detección de problemas solo a nivel del sistema. No señala a escuelas específicas que necesitan apoyo, si bien puede revelar tipos o categorías de escuelas (por ejemplo, pequeñas escuelas rurales) que requieren atención. Puede revelar asimismo problemas relacionados con la equidad de género o étnica.

Un argumento en contra del uso de un enfoque basado en muestras es que puesto que el desempeño en la evaluación no lleva aparejadas consecuencias importantes, algunos alumnos no se ven motivados para hacer la prueba con seriedad. No fue así, sin embargo, en muchos países—incluida Sudáfrica—donde algunos estudiantes temían que su desempeño en las pruebas del Estudio Internacional de Tendencias en Matemáticas y Ciencias (TIMSS) pudiera contar para sus resultados escolares oficiales. Es interesante observar que se hizo trampas durante la administración de las pruebas, es de suponer que debido a la percepción de que el desempeño tenía consecuencias relativamente importantes (véase A.4 en el apéndice A).

Las ventajas e inconvenientes de usar una evaluación nacional para promover la responsabilización de las escuelas, los profesores y a veces los alumnos se exponen en la tabla 4.2. Los temas listados se derivan en su mayor parte de estudios de los efectos de los exámenes oficiales que tienen consecuencias importantes, no de un estudio de evaluaciones nacionales. No obstante, deben ser pertinentes para las evaluaciones nacionales basadas en censo, al menos con las que actúan como exámenes oficiales sustitutivos (como en Estados Unidos y en algunos países latinoamericanos).

Responsabilidad de decidir si debe usarse una muestra o el censo: ministerio de educación.

TABLA 4.2
Ventajas e inconvenientes de una evaluación basada en censo para promover la responsabilidad de las escuelas

Ventajas	Inconvenientes
Se centra en lo que se considera los aspectos importantes de la educación.	Tiende a que se acabe desdeñando las áreas temáticas que no se evalúan.
Resalta aspectos importantes de materias individuales.	Tiende a que se acabe desdeñando aspectos de las materias que no se evalúan (como el dominio del lenguaje oral).
Ayuda a garantizar que los alumnos alcancen un nivel aceptable antes de su promoción.	Ha contribuido al abandono escolar temprano y a la falta de promoción.
Permite la comparación directa entre escuelas.	Conduce a una clasificación injusta de las escuelas que atienden a alumnos de diferente extracción social y cuyos resultados no difieren de forma significativa.
Promueve la confianza pública en la eficacia del sistema.	Ha llevado a que se hagan trampas durante la administración de las pruebas y al consiguiente amaño de los resultados.
Incita a los alumnos a que estudien más.	Tiende a enfatizar la enseñanza basada en memorización.
Buenos resultados en algunas escuelas y alumnos que elevan los niveles de desempeño de las pruebas.	La mejora del desempeño puede limitarse a una prueba concreta y no aparecerá en otras pruebas de la misma área temática.
Permite a los padres juzgar la efectividad de escuelas y profesores concretos.	Conduce a una evaluación injusta de la efectividad en función del puntaje en las pruebas en vez de tener en cuenta otros factores establecidos relacionados con los resultados del aprendizaje.
Tiende a gozar de aceptación entre los políticos y los medios de comunicación.	Rara vez traslada la responsabilidad a los políticos por no apoyar la provisión de recursos educativos.

¿QUÉ SE VA A EVALUAR?

Todas las evaluaciones nacionales miden los resultados cognitivos del aprendizaje o las habilidades académicas en las áreas de lengua/lectoescritura y matemáticas/cálculo aritmético, lo que refleja la importancia que tienen tales resultados para la educación básica. En algunos países, se incluye en la evaluación el conocimiento de ciencias y estudios sociales. Sea cual sea el campo evaluado, es importante proveer un marco apropiado, en primer lugar para elaborar instrumentos de evaluación y posteriormente para interpretar los resultados. El marco puede estar disponible en un documento curricular si, por ejemplo, brinda expectativas de enseñanza que se priorizan claramente y se ponen en marcha. En la mayoría de los casos, sin embargo, no se dispondrá de un marco semejante, y los encargados de la evaluación nacional deberán elaborarlo. En esa tarea, se requerirá una cooperación estrecha entre el organismo de evaluación, los responsables de los currículos y otras partes interesadas.

Los marcos de evaluación intentan aclarar en detalle lo que se está evaluando en una evaluación a gran escala, cómo se está evaluando y por qué se está evaluando (véase Kirsch 2001). El objetivo del marco es asegurar que el proceso de evaluación y los supuestos sobre los que se asienta sean transparentes, no solo para los desarrolladores de las pruebas sino también para un público mucho más amplio, que incluye a los profesores, al personal responsable del currículo y a los responsables políticos. El marco suele comenzar con una definición general o declaración de intenciones que establece las bases de la evaluación y que especifica qué debe medirse en cuanto a conocimiento, habilidades y otros atributos. A continuación establece y describe diversos desempeños o comportamientos que pondrán de manifiesto esos constructos fijando una serie específica de tareas o variables características que deberán usarse a la hora de desarrollar la evaluación, e indica cómo deberán usarse dichos desempeños para evaluar el desempeño estudiantil (Mullis et al. 2006).

Muchas evaluaciones nacionales se han basado en un análisis de contenidos en un grado concreto sobre lo que se espera que hayan aprendido los alumnos como resultado de su contacto con un plan de estudios obligado u orientativo. Típicamente, este análisis se efectúa en una matriz con comportamientos cognitivos en el eje horizontal y con temas o áreas de contenidos en el eje vertical. Así, la intersección de un comportamiento cognitivo y un área de contenidos representará un objetivo de enseñanza. Las celdas pueden ponderarse en términos de la importancia que revistan.

Las últimas evaluaciones nacionales (e internacionales) han hecho uso de las investigaciones relativas al desarrollo en los alumnos de habilidades de lectoescritura y aritmética elemental que pueden estar representadas o no en los currículos nacionales. Por ejemplo, en el documento *Marco y especificaciones* de la Asociación Internacional para la Evaluación del Rendimiento Educativo (IEA) para el Estudio sobre el Progreso Internacional de la Competencia en Lectura (PIRLS) 2006, la competencia en lectura se define como "la capacidad de entender y usar las formas del lenguaje escrito que requiere la sociedad o que valora la persona. Los jóvenes lectores pueden extraer significado de una diversidad de textos. Leen para aprender, para participar en comunidades de lectores en la escuela y en la vida diaria, y para su disfrute" (Mullis et al. 2006, 3). A partir de esta definición resulta evidente que leer es mucho más que descodificar un texto o extraer el significado de un pasaje o un poema. PIRLS aclaró además lo que se propone medir indicando el proceso y las tareas que se van a evaluar y los porcentajes de ítems de las pruebas que se dedicarán a cada uno (tabla 4.3).

TABLA 4.3
Procesos de comprensión lectora de la encuesta PIRLS

Procesos de comprensión	Ejemplos de tareas	Ítems
Comprender y recuperar información afirmada explícitamente	Buscar ideas específicas. Encontrar definiciones o frases que identifiquen las coordenadas de una historia (por ejemplo, tiempo y lugar). Encontrar la frase que defina el tema o la idea principal (afirmada explícitamente).	20 %
Efectuar deducciones sencillas	Inferir un evento a partir de otro. Reconocer generalizaciones en el texto. Describir la relación entre personajes. Determinar el referente de un pronombre.	30 %
Interpretar e integrar ideas e información	Determinar el mensaje o tema general. Contrastar la información del texto. Describir la atmósfera o el tono del texto. Reproducir una aplicación en el mundo real de la información del texto.	30 %
Examinar y evaluar el contenido, el lenguaje y los elementos textuales	Evaluar la probabilidad de que los sucesos descritos ocurran. Describir la manera en que el autor ha ideado un final sorprendente. Juzgar la exhaustividad o la claridad de la información en el texto. Determinar los puntos de vista del autor.	20 %

Fuente: Campbell et al. 2001; Mullis et al. 2006.

El documento marco especificó que la evaluación usaría cuadernillos de prueba con cinco pasajes literarios y cinco informativos y que cada uno de los pasajes iría seguido de 12 preguntas, la mitad de las cuales serían de opción múltiple y la mitad de respuesta construida. También indicó que debido a que las actitudes y comportamientos lectores eran importantes para el desarrollo de un hábito lector durante toda la vida y guardaban relación con el rendimiento en lectura, la encuesta PIRLS incluiría ítems en el cuestionario para alumnos destinados a evaluar las actitudes y comportamientos lectores de los alumnos. Justificó su selección de los alumnos de 4.º año de escolarización formal como población objetivo para la evaluación en el hecho de que el cuarto año representaba la etapa de transición de aprender a leer a leer para aprender.

En su marco de evaluación, la encuesta PIRLS reconoció dos propósitos principales que tiene la lectura para los alumnos:

- Leer para adquirir experiencia literaria
- Leer para adquirir y usar información.

Ofreció también una justificación detallada del énfasis que pone la encuesta PIRLS en tener más datos sobre el entorno y el contexto en que los alumnos aprenden a leer. Este énfasis llevó a incluir ítems en el cuestionario sobre las características familiares que pueden animar a los niños a leer: actividades de los padres relacionadas con la alfabetización, idioma hablado en la familia, vínculos entre el hogar y la escuela, y actividades extraescolares de los alumnos relacionadas con la alfabetización. Los ítems referidos al ámbito escolar cubrían los recursos que pueden afectar de modo directo o indirecto al rendimiento en lectura. El documento marco también ofrecía razones para evaluar las variables de la enseñanza en clase, como los métodos lectivos y la naturaleza de la formación del profesorado.

Otra alternativa a basar un instrumento de evaluación en las expectativas o prescripciones insertas en el currículo, que es factible en el caso de los alumnos de mayor edad, es elaborar una prueba que refleje el conocimiento y las habilidades que probablemente necesitarán los alumnos y que constituirán su base para la vida adulta. El Programa para la Evaluación Internacional de Alumnos (PISA) proporcionó un ejemplo de este método al pretender evaluar la "cultura matemática" de los alumnos de 15 años de edad, definida como la "capacidad de distinguir y entender el papel que desempeñan las matemáticas en el mundo, de efectuar razonamientos bien fundamentados y de utilizar las matemáticas en aplicaciones prácticas que satisfagan las necesidades del individuo como ciudadano constructivo, implicado y reflexivo" (OCDE 2003, 24) (véase B.3 en el apéndice B). Aunque este enfoque encajaba bien en un estudio internacional, dado que la alternativa de diseñar un instrumento de evaluación que fuese igualmente apropiado para una diversidad de currículos es obviamente problemática, podría usarse también en una evaluación nacional.

Unas cuantas evaluaciones nacionales han recopilado información sobre resultados afectivos (por ejemplo, actitudes de los alumnos hacia la escuela y autoestima de los alumnos). En Colombia, por ejemplo, se evalúan las actitudes de los alumnos hacia la paz. Aunque estos resultados son muy importantes, su medición tiende a ser menos confiable que la medición de los resultados cognitivos, y los análisis basados en ellos han demostrado ser difíciles de interpretar. En Chile, las dificultades técnicas a la hora de medir los valores y actitudes de los alumnos hacia el aprendizaje llevaron a abandonar esas áreas (véase A.7 en el apéndice A).

Una evaluación a gran escala (Seguimiento de los resultados del aprendizaje) evaluó las "habilidades para la vida", definidas como el conocimiento y las actitudes por parte de los alumnos en relación con la salud y la nutrición, el entorno, la responsabilidad cívica, y la ciencia y la tecnología (Chinapah 1997). Aunque todo el mundo conviene en que las habilidades para la vida son importantes y deben enseñarse, hay un considerable desacuerdo sobre su naturaleza exacta. Su medición ha demostrado también ser difícil.

La mayoría de las evaluaciones nacionales recopilan información sobre los factores estudiantiles, escolares y domésticos que se consideran relevantes para el rendimiento estudiantil (por ejemplo, sexo de los estudiantes e historial educativo, incluida la repetición de cursos; recursos en las escuelas, incluida la disponibilidad de libros de texto; nivel de formación y calificaciones del profesorado; y estatus socioeconómico de las familias de los alumnos). La información suele recabarse a través de cuestionarios (y a veces entrevistas) administrados a los alumnos, los profesores, los directores, y a veces a los padres al mismo tiempo que se administran los instrumentos de evaluación.

La identificación de los factores contextuales relacionados con el rendimiento estudiantil puede ayudar a identificar las variables manipulables, es decir, los factores que pueden ser alterados por los responsables políticos, como la normativa acerca del tiempo asignado a las áreas curriculares, la provisión de libros de texto y el tamaño de las clases. Los datos contextuales recabados en algunos estudios nacionales (e internacionales) no pueden, sin embargo, cumplir esta función porque no miden adecuadamente las condiciones en que viven los alumnos. La situación económica, por ejemplo, puede basarse en una lista de elementos que incluye un coche, un televisor y un grifo de agua en un país en que la mayoría de la población vive al menos parte del año con menos del equivalente a US$1 al día. Además, a pesar de la relevancia de la situación sanitaria y la situación nutricional, no puede obtenerse ninguna información sobre las mismas (Naumann 2005).

En algunas evaluaciones se ha evaluado el rendimiento de los profesores (junto con el de los alumnos). En Vietnam (véase A.2 en el apéndice A) y una serie de países africanos incluidos en los estudios de SACMEQ (véase C.1 en el apéndice C), se requirió que los profesores respondiesen a los mismos ítems de las pruebas que sus alumnos para conocer los niveles de dominio de la materia por parte de los profesores. En Uganda, se obtuvo información sobre el grado de conocimiento de los documentos curriculares oficiales clave por parte de los profesores.

Responsabilidad de decidir qué se va a evaluar: ministerio de educación y CDN, con aportación de la agencia implementadora.

¿CÓMO SE EVALUARÁ EL RENDIMIENTO?

Debe crearse uno o más instrumentos que proporcionen la información cuya obtención es el objeto de la evaluación nacional. Debido a que los fines y los usos propuestos de las evaluaciones nacionales varían, también lo harán los instrumentos usados en las evaluaciones y los modos en que se informa de los resultados.

Algunas evaluaciones nacionales presentan los resultados en términos de las características de la distribución de los puntajes de las pruebas—por ejemplo, el porcentaje medio de ítems que los alumnos han respondido correctamente y el modo en que se han distribuido las puntuaciones alrededor de la media—O bien los resultados podrían escalarse a una media arbitraria (como puede ser 500) y a la desviación estándar (como 100). Aunque estas puntuaciones pueden usarse para comparar el rendimiento de los subgrupos presentes en la muestra, su uso está limitado en una evaluación nacional, fundamentalmente porque nos dicen poco sobre el nivel de conocimiento de la materia por parte del alumno o las habilidades reales que han adquirido los alumnos.

Para abordar este problema, y para que los resultados de una evaluación sean más significativos para las partes interesadas, un número creciente de evaluaciones nacionales se propone informar de los resultados de un modo que especifique lo que saben y no saben los alumnos y que identifique los puntos fuertes y débiles en su conocimiento y sus habilidades. Este enfoque implica que las puntuaciones de los alumnos se acompañen de las descripciones de las tareas que son capaces de realizar (por ejemplo, "puede leer con un nivel de comprensión especificado" o "puede llevar a cabo operaciones matemáticas básicas"). Los desempeños pueden categorizarse de diversas maneras (por ejemplo, "satisfactorio" o "insatisfactorio"; "básico", "competente", o "avanzado"), y determinarse la proporción de alumnos con un desempeño determinado en cada nivel. Emparejar las puntuaciones de los alumnos con niveles de rendimiento es una tarea compleja que implica la opinión de expertos en la elaboración de currículos y analistas estadísticos.

La manera en que se describirán los resultados es algo que debe considerarse en la etapa de desarrollo de las pruebas. Así pues, el desarrollo de las pruebas podría comenzar por especificar un marco en el que se planteen las expectativas del aprendizaje, tras lo cual se escribirán los ítems de las pruebas para evaluar en qué grado los alumnos cumplen esas expectativas. Si los ítems no cumplen ciertos criterios cuando se ponen a prueba, no obstante, incluido el grado en que discriminan entre alumnos, puede que no se incluyan en el instrumento de evaluación definitivo. Debe tenerse cuidado a fin de garantizar que los objetivos curriculares importantes se reflejen en una evaluación, incluso si ningún alumno que realiza la prueba da muestras de haberlos alcanzado.

La mayoría de las evaluaciones nacionales e internacionales dependen en un grado considerable del formato de opción múltiple de sus instrumentos. Esos ítems a menudo se complementarán con ítems de respuesta abierta que requieren que el alumno escriba una palabra, una locución o una frase. Se ofrecen ejemplos de ítems de opción múltiple e ítems de respuesta abierta en los recuadros 4.2 y 4.3, respectivamente.

En varias evaluaciones nacionales (por ejemplo, la NAEP de EE. UU. y la Evaluación Nacional de Lectura en Inglés de Irlanda) e internacionales (por ejemplo, TIMMS y PISA), cada alumno responde a solo una fracción del número total de ítems usados en una evaluación (véase A.8 en el apéndice A; B.1 y B.3 en el apéndice B). Este enfoque incrementa la cobertura global del currículo dentro de la prueba sin que suponga demasiada carga para los alumnos.

RECUADRO 4.2

Ejemplos de ítems de opción múltiple

Materia: Geografía

El río Volga está en

A. China

B. Alemania

C. Rusia

D. Suecia

Materia: Matemáticas

Una foca debe respirar si está dormida. Martin observó a una foca durante una hora. Al comienzo de esta observación, la foca se zambulló hasta el fondo del mar y empezó a dormir. En ocho minutos, flotó lentamente hasta la superficie e inspiró. En tres minutos, estaba de nuevo en el fondo del mar, y todo el proceso se repitió de manera regular. Pasada una hora, la foca estaba

A. en el fondo

B. subiendo

C. respirando

D. bajando

Fuente: ejemplo de matemáticas: OCDE 2007. Reproducido con permiso.

> **RECUADRO 4.3**
>
> **Ejemplos de ítems de respuesta abierta**
>
> Materia: Lengua
>
> ALTO es lo contrario de BAJO. Cuál es lo contrario de
>
> RÁPIDO _____   OSCURO _____
> PESADO _____   VIEJO   _____
>
> Materia: Matemáticas
>
> Use una regla para dibujar un rectángulo con un perímetro de 20 centímetros. Señale la anchura y la longitud.

Permite también usar pasajes extensos (por ejemplo, una historia corta o un artículo de periódico) en la evaluación de comprensión lectora. En otras evaluaciones, todos los alumnos responden al mismo conjunto de ítems. Aunque se asocian algunas ventajas al hecho de que los alumnos respondan solo a una fracción de los ítems, también existen inconvenientes, especialmente para aquellos países que están iniciando un programa de evaluación nacional. La administración (por ejemplo, la impresión y distribución) es más compleja, al igual que la puntuación y el escalado de las puntuaciones, mientras que los análisis que implican datos de estudiantes o escuelas individuales pueden ser problemáticos (véase Sofroniou y Kellaghan 2004).

Generalmente la cuestión del idioma de la evaluación recibe menos atención de la que merece. Se asocia a dos problemas. Primero, aunque en muchos países existen grandes grupos minoritarios (y a veces mayoritarios) para los que la lengua de enseñanza no es su lengua materna, se suele evaluar a los alumnos en el idioma de enseñanza. En Uganda, por ejemplo, la inmensa mayoría de los alumnos toman la prueba en su segunda lengua (véase A.9 en el apéndice A). El bajo desempeño en las pruebas se atribuye a esta práctica, al igual que los escasos progresos académicos de los alumnos y las tasas de abandono escolar prematuro (Naumann 2005).

Un segundo problema relacionado con el idioma surge si los instrumentos de evaluación deben traducirse a uno o más idiomas.

Si se compara entre los desempeños evaluados en diferentes idiomas, el análisis debe tener en cuenta la posibilidad de que las diferencias que pueden manifestarse sean atribuibles a las diferencias en el grado de dificultad de las tareas de evaluación ligado al idioma. El problema se resuelve en parte cambiando las palabras. Por ejemplo, en una evaluación internacional llevada a cabo en Sudáfrica, se cambiaron algunas palabras como "gasoline" (gasolina en inglés americano) y "flashlight" (linterna en inglés americano) por sus equivalentes en inglés británico ("petrol" y "torch" respectivamente). Ghana sustituyó la palabra "nieve" por "lluvia". Si las diferencias de idioma se combinan con la diversidad de factores culturales y económicos, el problema se agrava ya que puede ser difícil garantizar la equivalencia de enunciado de las frases y la idoneidad cultural del contenido en todas las versiones lingüísticas de una prueba. Por ejemplo, un material que es apropiado contextualmente para los alumnos de zonas rurales—al describir la caza, el mercado local, las actividades agrícolas y los juegos locales— podría ser desconocido para los alumnos de zonas urbanas.

Independientemente de cuál sea el método de evaluación, esta debe proveer información válida y confiable. La validez se manifiesta en varios aspectos, entre ellos la idoneidad de un instrumento de evaluación para muestrear y representar el constructo (por ejemplo, comprensión lectora) o el área curricular (por ejemplo, estudios sociales) identificada en el marco de evaluación. Es importante en este punto la opinión de los especialistas en el currículo. Además, los instrumentos de evaluación deben medir solo lo que están diseñados para medir. Por ejemplo, una prueba de matemáticas o ciencia debe evaluar el conocimiento de los alumnos y sus habilidades en esas áreas, no su competencia lingüística. La confiabilidad de los procedimientos de evaluación en las evaluaciones nacionales normalmente implica calcular el grado en que los ítems individuales de una prueba evalúan el constructo global cuya medición es el objeto de la prueba y, en el caso de los ítems de respuesta abierta, el grado en que dos o más correctores coinciden en sus puntuaciones.

Responsabilidad de decidir cómo se evaluará el rendimiento académico: agencia implementadora.

¿CON QUÉ FRECUENCIA SE LLEVARÁN A CABO LAS EVALUACIONES?

La frecuencia con la que se lleva a cabo una evaluación nacional varía de un país a otro; puede oscilar entre anual y decenal. Puede existir la tentación de evaluar el rendimiento académico en las mismas áreas curriculares y en la misma población cada año, pero esta frecuencia es innecesaria, así como muy cara, si el objetivo es hacer un seguimiento de los niveles nacionales. En Estados Unidos, la lectura y las matemáticas se evalúan cada dos años y otras materias con menos frecuencia. La evaluación internacional de comprensión lectora (PIRLS) tuvo un intervalo de cinco años entre su primera administración y la segunda (2001-06). En Japón, el rendimiento académico en las áreas del currículo básico se evaluó cada 10 años para orientar la revisión del currículo y de los libros de texto (Ishino 1995).

Si el objetivo de una evaluación es responsabilizar del aprendizaje a los profesores, las escuelas e incluso los alumnos, pueden llevarse a cabo pruebas cada año. Además, como tal evaluación se centra en el desempeño de los individuos, así como el desempeño a nivel del sistema, se evaluará a todos los alumnos (o la mayoría de ellos) presentes en el sistema educativo. Este sistema se ha aplicado en Chile y en Inglaterra.

Si el propósito de una evaluación es solo proveer información sobre el desempeño del sistema en su conjunto, no obstante, parece adecuado evaluar una muestra de alumnos en un área curricular concreta cada tres a cinco años. Puesto que los sistemas educativos no cambian rápidamente, una mayor frecuencia de evaluaciones no es probable que registre los cambios. Una frecuencia excesiva de evaluaciones con toda probabilidad limitaría el impacto de los resultados, incurriendo además en costos innecesarios.

Responsabilidad de decidir la frecuencia de evaluación: ministerio de educación.

¿CÓMO DEBE REPORTARSE EL RENDIMIENTO ESTUDIANTIL?

Aunque los responsables políticos probablemente prefieren estadísticas resumidas, la evidencia de la multidimensionalidad del rendimiento académico sugiere que un único índice de desempeño, como un puntaje total de la prueba, puede ensombrecer información importante. Un enfoque alternativo es proveer información diferenciada que refleje los puntos fuertes y los débiles en el currículo de un país. La información podría ser más valiosa incluso si distinguiese entre el conocimiento de hechos básicos y las habilidades de los alumnos y su comprensión más profunda o de orden más elevado.

Se han usado distintos procedimientos para describir los rendimientos estudiantiles en las evaluaciones nacionales, lo que refleja la riqueza de los datos que puede aportar una evaluación (véase el libro 5 de esta serie, *Utilización de los resultados de una evaluación nacional del rendimiento académico*). La selección de uno o más procedimientos debe guiarse por las necesidades de información del ministerio de educación y otras partes interesadas.

Información a nivel de los ítems

Esta información implica poco más que comunicar el porcentaje de alumnos que responden a ítems individuales correctamente. Una evaluación nacional podría revelar que la mayoría de los alumnos ha tenido un bajo desempeño en un ítem de matemáticas que implica el uso de índices, o que prácticamente todos los alumnos han podido asociar palabras simples con dibujos. En Ghana, por ejemplo, solo un 1 por ciento de los alumnos respondió correctamente a una pregunta sobre la refracción de la luz en la encuesta TIMSS (Ghana, Ministerio de Educación, Juventud y Deportes 2004). Este tipo de información, aunque demasiado detallada para la formulación nacional de políticas, probablemente reviste interés para el personal responsable del currículo, los formadores de profesores y posiblemente los autores de libros de texto.

Desempeño en los ámbitos curriculares

Los ítems pueden agruparse en unidades o ámbitos curriculares, y los puntajes de las pruebas pueden comunicarse en términos de desempeño en cada ámbito. Los ítems de lectura, por ejemplo, se han clasificado en función de la capacidad de recuperar información de un texto, efectuar deducciones de un texto, interpretar e integrar la información, y examinar y evaluar la información del texto (Eivers et al. 2005). La figura 4.1 ilustra el modo en que Lesotho informó el desempeño en matemáticas por área de contenido.

Niveles de desempeño

El desempeño en las evaluaciones nacionales e internacionales describe la calidad de los resultados de los alumnos en la prueba para alcanzar un nivel "básico", "competente" o "avanzado" en un área curricular. El número de niveles puede variar (véase A.2 en el apéndice A para una descripción de seis niveles de competencia lectora usados en una evaluación nacional en Vietnam, y C.1 en el apéndice C para ocho niveles de lectura y ocho niveles de habilidad matemática usados en SACMEQ). La selección de puntos de corte entre niveles implica el uso de datos estadísticos y criterios subjetivos.

FIGURA 4.1

Porcentaje promedio de puntajes correctos referente al desempeño en matemáticas de los alumnos, por área de contenido, Lesotho

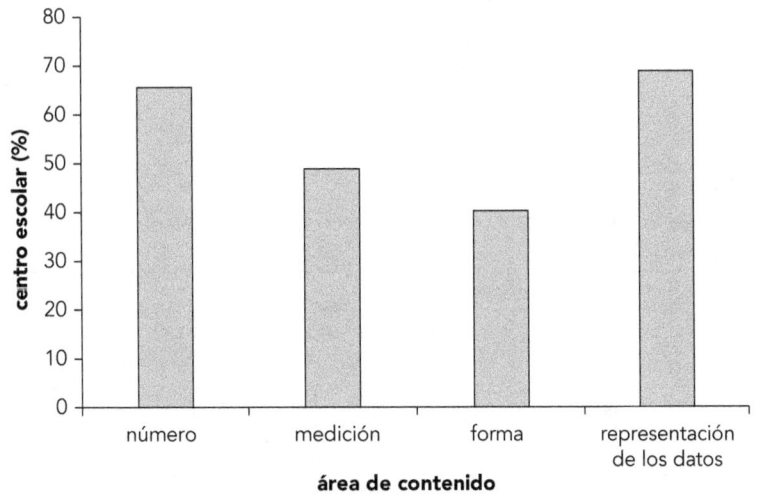

Fuente: Lesotho, Consejo Examinador de Lesotho y Centro Nacional de Desarrollo Curricular 2006.

Nivel de dominio

Los niveles de dominio pueden basarse en un puntaje global de la prueba (por ejemplo, responder correctamente a un porcentaje especificado de ítems de la prueba). En Sri Lanka, el nivel de dominio para una evaluación nacional de 4.º grado se fijó en el 80 por ciento. Menos del 40 por ciento alcanzó ese nivel en el primer idioma del alumno o en matemáticas, y menos del 10 por ciento en inglés (Perera et al. 2004). Los niveles de dominio pueden basarse también en alcanzar un determinado nivel de desempeño. En Estados Unidos, se usan cinco niveles de desempeño ("por debajo del básico", "básico", "competente", "meta" y "avanzado") en Connecticut. El nivel "meta" se considera un reto pero despierta un nivel de expectativa razonable entre los alumnos y se acepta como el nivel de dominio. Los datos de la tabla 4.4 muestran que bastante más de la mitad de los alumnos de 3.º y 4.º grado alcanzaron el nivel "meta" o "dominio" en las tres áreas curriculares.

Responsabilidad de decidir cómo se reporta el rendimiento estudiantil: agencia implementadora con aportación del CDN.

¿QUÉ TIPOS DE ANÁLISIS ESTADÍSTICO DEBEN LLEVARSE A CABO?

Algunos análisis vendrán determinados por las cuestiones de política educativa que dieron lugar a la evaluación en primera instancia. La mayoría de las evaluaciones nacionales aportan evidencia sobre

TABLA 4.4
Porcentaje de alumnos que alcanzan el Nivel Meta o Dominio por grado, Connecticut, 2006

Grado	Matemáticas		Lectura		Escritura	
	En o por encima de la meta (%)	En o por encima de avanzado (%)	En o por encima de la meta (%)	En o por encima de avanzado (%)	En o por encima de la meta (%)	En o por encima de avanzado (%)
3	56	22	54	17	61	22
4	59	22	58	16	63	22

Fuente: Departamento de Educación de Connecticut 2006.

rendimiento académico por sexo, región, ubicación urbana o rural, pertenencia a un grupo étnico o lingüístico y tipo de establecimiento educativo al que se asiste (público o privado). Algunas evaluaciones también aportan datos sobre la calidad de las instalaciones escolares (por ejemplo, Kenia). Los análisis que incluyen tales variables son relativamente sencillos y elocuentes por sí mismos para los responsables normativos y los políticos. No obstante, no representan adecuadamente la complejidad de los datos. Se requieren formas de análisis más complejas si queremos, por ejemplo, arrojar luz sobre los factores escolares y del entorno que contribuyen al rendimiento académico. Puede verse ejemplos del uso de procedimientos estadísticos complejos en la descripción de la evaluación nacional vietnamita (véase A.2 en el apéndice A).

Debe reconocerse las limitaciones de los análisis y los problemas a la hora de inferir causalidad sobre rendimiento académico y otras variables de los estudios en los que se recopila al mismo tiempo datos. Aunque es difícil, a veces imposible, desligar los efectos de los factores comunitarios, domésticos y escolares en el aprendizaje de los alumnos, esta complejidad no ha impedido que algunas investigaciones interpreten causalmente los datos recabados en las evaluaciones nacionales e internacionales.

Responsabilidad de decidir sobre los métodos de análisis estadístico: agencia implementadora.

¿CÓMO DEBEN COMUNICARSE Y USARSE LOS RESULTADOS DE UNA EVALUACIÓN NACIONAL?

Si se quiere que los resultados de una evaluación nacional afecten a la política educativa nacional, deben comunicarse lo antes posible tras completarse el análisis de los datos. En el pasado, los informes técnicos que contenían una cantidad considerable de datos tendían a ser la única forma de comunicar la información. Algunos grupos de usuarios (por ejemplo, los profesores en Chile; véase A.7 en el apéndice A), sin embargo, consideraban esos informes excesivamente técnicos. Como consecuencia de ello, cada vez se reconoce más la necesidad de proveer otras formas de reporte. Estas alternativas incluyen informes resumidos que se centran en las conclusiones principales para responsables políticos atareados; comunicados de prensa; informes especiales para radio y televisión; e informes diferenciados para escuelas, profesores, desarrolladores de currículo y formadores de profesores. En algunos países (por ejemplo, Sri Lanka), se preparan informes distintos para cada provincia. Un informe elaborado en Etiopía se tradujo a cuatro lenguas principales. Las necesidades de información de las partes interesadas deben determinar los contenidos de los informes adicionales.

El ministerio de educación debe establecer la consignación presupuestaria adecuada en la etapa de planificación para la preparación y difusión del informe. En colaboración con el comité director nacional, debe idear procedimientos para comunicar las conclusiones de las evaluaciones nacionales a las partes interesadas. Las estrategias apropiadas para comunicar los resultados deben tener en cuenta el hecho de que los usuarios (ya sean administradores o profesores) varían enormemente en su capacidad de comprensión y aplicación de la información estadística en su toma de decisiones. Obviamente, no tiene ningún sentido producir informes si la información que contienen no se difunde adecuadamente. Así pues, se requiere una estrategia de difusión para que la información relevante llegue a todas las partes interesadas. La estrategia debe determinar a los usuarios potenciales (instituciones y personas clave) y sus niveles de pericia.

Los resultados de las evaluaciones nacionales se han usado para establecer valores de referencia a fin de hacer un seguimiento de los niveles de logros del aprendizaje (por ejemplo, en Lesotho), reformar los currículos, proveer datos de base sobre la cantidad y calidad de los materiales educativos en las escuelas (por ejemplo, en Vietnam), reconocer correlatos de logros, y diagnosticar aquellos aspectos del currículo que los alumnos no dominan. Uruguay, por ejemplo, usó los resultados de su evaluación nacional para ayudar a preparar guías para docentes y para determinar el contenido curricular y las áreas conductuales, que posteriormente ayudaron a dirigir un programa de formación para docentes a gran escala (véase A.3 en el apéndice A).

El libro 5 de esta serie, *Utilización de los resultados de una evaluación nacional del rendimiento académico*, tiene una amplia sección dedicada a la redacción de informes y al uso de los resultados de la evaluación nacional.

Responsabilidad de comunicar y utilizar los resultados de la evaluación nacional: agencia implementadora, ministerio de educación, CDN, impartidores de formación docente, autoridad responsable del currículo, profesores.

¿CUÁLES SON LOS COMPONTES DE COSTO DE UNA EVALUACIÓN NACIONAL?

El costo de una evaluación nacional variará en gran medida de un país a otro, dependiendo de los niveles salariales del personal y del costo de los servicios. Dentro de cada país, el costo variará también, según uno o más de los siguientes factores (Ilon 1996).

- *Agencia implementadora.* Los costos variarán dependiendo de si el organismo cuenta con las instalaciones y el personal técnico necesarios o necesita formar o emplear a asesores a tiempo completo o a tiempo parcial. El costo de disponer instalaciones y equipos, incluidas computadoras y programas informáticos, debe también tenerse en cuenta.
- *Contenido y elaboración de los instrumentos.* Debe considerarse el costo de cada una de las opciones de selección del contenido y la forma de evaluación, así como otros factores, como la validez y la facilidad de administración. Los ítems de opción múltiple son más caros de elaborar que los de respuesta abierta pero suelen ser menos caros de puntuar. El costo de traducir las pruebas, los cuestionarios y los manuales, y de formar a los redactores de ítems, debe tenerse en cuenta también.
- *Número de escuelas y alumnos participantes.* Una evaluación basada en censo obviamente será menos cara que una basada en muestras. Los costos aumentan si se requiere datos confiables para sectores del sistema (por ejemplo, estados o provincias). Enfocarse específicamente en un nivel de edad probablemente resultará más caro que hacerlo en un grado ya que los alumnos de una edad determinada pueden estar dispersos por una serie de grados, lo que requerirá material y sesiones de evaluación adicionales.
- *Administración.* La recopilación de datos tiende a ser el componente más caro de una evaluación nacional. Implica obtener información

de las escuelas con antelación a la evaluación; diseñar, imprimir, empaquetar y enviar los materiales y cuestionarios de las pruebas; y establecer un sistema para administrar los instrumentos. Los factores que contribuyen al costo global incluyen (a) el número de escuelas y alumnos que participan, (b) el desplazamiento, (c) la dificultad de acceder a las escuelas, (d) el alojamiento para los encuestadores (si se necesitasen), y (e) la recogida y devolución de las pruebas y cuestionarios cumplimentados.
- *Puntuación, gestión de datos e ingreso de datos.* Los costos variarán de acuerdo con el número de escuelas, alumnos, profesores y padres participantes; del número de ítems de respuesta abierta; de si los ítems se puntúan de forma manual o mecanizada; del número de estudios de confiabilidad entre evaluadores; y de la calidad de la administración y puntuación de las pruebas.
- *Análisis.* Los costos de los análisis dependerán del tipo de procedimientos de evaluación empleados y de la disponibilidad de tecnología para efectuar la puntuación y el análisis. Si bien la puntuación mecanizada se considera normalmente más barata que la puntuación manual, este costo menor puede que no sea el caso en un país donde los costos tecnológicos sean elevados y los laborales bajos.
- *Reporte.* El cálculo de costo debe tener en cuenta el hecho de que se requerirán diferentes versiones de un informe para los responsables políticos, los profesores y el público en general, así como la naturaleza y el alcance de la estrategia de difusión de la información.
- *Actividades de seguimiento.* Puede que deba hacerse una consignación presupuestaria para actividades tales como formación para docentes basada en las conclusiones de la evaluación nacional, reuniones informativas para los organismos responsables del currículo, y análisis secundarios de los datos. Deberá preverse también que pueda haber carencias de capacitación en áreas profesionales clave (por ejemplo, análisis estadístico). Debe hacerse una consignación presupuestaria para los probables aumentos salariales durante todo el desarrollo de la evaluación (normalmente de dos a tres años), para compensar la inflación y por eventos imprevistos (contingencias).

Algunas evaluaciones nacionales no han logrado sus objetivos básicos porque el presupuesto era inadecuado. Aunque el presupuesto global es responsabilidad del ministerio de educación, las personas con pericia en el cálculo de costos y en proyectos de datos a gran escala deben participar en las discusiones presupuestarias. Los funcionarios ministeriales que no están familiarizados con proyectos de datos a gran escala probablemente no apreciarán la necesidad de presupuestar actividades como las pruebas piloto y la depuración de datos.

Las cifras referentes a la encuesta NSEP de EE. UU. ofrecen una guía aproximada del cálculo de costos: recopilación de datos (30 por ciento), desarrollo de instrumentos (15 por ciento), análisis de datos (15 por ciento), redacción de informes y difusión (15 por ciento), muestreo (10 por ciento), procesamiento de datos (10 por ciento), y gestión (5 por ciento) (Ilon 1996). En algunos países, donde, por ejemplo, los funcionarios del ministerio o de la junta examinadora llevan a cabo la administración de las pruebas como parte de sus funciones normales, puede que no se hagan consignaciones presupuestarias específicas para algunas actividades. Los costos y los salarios variarán dependiendo de las condiciones económicas nacionales. En Camboya (que no está incluida en la lista de los 100 primeros países del mundo en términos de ingreso nacional bruto), se pagó a los redactores de ítems el equivalente a US$5 al día en 2006.

Los países con recursos muy limitados puede que no encuentren aconsejable gastar tales recursos en una evaluación nacional, especialmente cuando su sistema educativo probablemente tiene muchas necesidades por satisfacer. Si desean no obstante acometer una evaluación nacional, harían bien en limitar el número de áreas curriculares evaluadas (quizás a una, en un grado) y buscar ayuda técnica y el apoyo de donantes. A la hora de considerar los costos, conviene tener en cuenta que el costo de los programas de responsabilización en general—y de las evaluaciones nacionales en particular—es muy pequeño comparado con el costo de otros programas educativos (véase Hoxby 2002). El costo de *no* llevar a cabo una evaluación— o no descubrir lo que está funcionando y lo que no en el sistema educativo—probablemente será mucho mayor que el costo de la evaluación. El libro 3 de esta serie, *Implementación de una evaluación nacional del rendimiento académico*, expone las cuestiones relacionadas con el cálculo de costos de una evaluación nacional.

TABLA 4.5
Organismos responsables en primera instancia de las decisiones presentes en una evaluación nacional

Decisión	Responsabilidad en primera instancia			
	Ministerio de Educación	Comité Director Nacional	Organismo	Otro
Ofrecer orientación normativa	•			
Llevar a cabo la evaluación nacional			•	
Administrar las pruebas y cuestionarios			•	
Elegir la población que se va a evaluar	•	•		
Determinar la muestra o la población	•			
Decidir qué evaluar	•	•	•	
Decidir cómo se evalúa el rendimiento académico			•	
Determinar la frecuencia de evaluación	•			
Seleccionar los métodos de reporte		•	•	
Determinar los procedimientos estadísticos			•	
Establecer métodos de comunicación y utilizar los resultados	•	•	•	•
Calcular los componentes de costo	•			•

Responsabilidad del cálculo de costo de los componentes de una evaluación nacional: ministerio de educación con aportación de asesores.

RESUMEN DE LAS DECISIONES

La tabla 4.5 señala los organismos responsables en primera instancia de las decisiones relativas a los 12 componentes de una evaluación nacional que se exponen en este capítulo.

CAPÍTULO 5  DISEÑO, IMPLEMENTACIÓN, ANÁLISIS, ELABORACIÓN DE INFORMES Y UTILIZACIÓN DE UNA EVALUACIÓN NACIONAL

En este capítulo identificaremos diversas cuestiones que guardan relación con la confianza que las partes interesadas puedan tener en los resultados de una evaluación nacional. Para cada uno de estos cinco componentes de la actividad de evaluación nacional (diseño, implementación, análisis de datos, redacción de informes, difusión y utilización de las conclusiones), sugeriremos diversas actividades que aumentarán su confiabilidad, lo cual, a su vez, debería contribuir a la utilización óptima de las conclusiones obtenidas. Para cada componente determinaremos, asimismo, los errores que se cometen de forma más habitual en las evaluaciones nacionales y que los evaluadores deben conocer y evitar.

DISEÑO

El diseño de la evaluación establece los parámetros generales del ejercicio: los logros que se someterán a evaluación, el grado o la edad en los que se evaluará a los alumnos, las cuestiones que deberán abordarse en materia de políticas y si la evaluación se realizará sobre la población total o sobre una muestra de los alumnos.

Actividades recomendadas

- Obtener el compromiso desde el principio de los máximos responsables de las políticas para asegurarse el respaldo político y para contribuir a formular el diseño de la evaluación.
- Determinar y atender las necesidades de información de los responsables de las políticas durante la selección de las características del plan de estudios, de los cursos y de los subgrupos de población (por ejemplo, por región o por género) que se evaluarán.
- Obtener el respaldo de los profesores mediante la participación de sus representantes en las decisiones normativas relacionadas con la evaluación.
- Tener presente que atribuir consecuencias importantes al rendimiento de los alumnos puede dar lugar a la oposición de los profesores, así como a una reducción del plan de estudios efectivo en la medida en que la enseñanza impartida por los docentes se centrará en lo que vaya a someterse a evaluación.

Errores frecuentes

- No destinar una cantidad de fondos suficiente a los aspectos fundamentales de la evaluación nacional, incluida la redacción y difusión de informes.
- No constituir un comité director nacional, así como no utilizarlo como fuente de información y orientación durante el transcurso de la evaluación nacional.
- No obtener el compromiso gubernamental con el proceso de evaluación nacional, lo cual se traduce en: a) la imposibilidad de determinar las cuestiones políticas clave que deben abordarse en la fase de diseño de la evaluación, b) la inexistencia de un comité director nacional o c) que se realicen evaluaciones nacionales distintas simultáneamente (a menudo financiadas por donantes externos).

- No incluir a las principales partes interesadas (por ejemplo, los representantes de los profesores o los formadores de los profesores) en la planificación de la evaluación nacional.
- Excluir de la población evaluada a un subgrupo que pueda sesgar de manera considerable los resultados de la evaluación (por ejemplo, los alumnos de escuelas privadas o los alumnos de escuelas pequeñas).
- Establecer metas poco realistas para las puntuaciones de las pruebas (por ejemplo, un aumento del 25 % en las puntuaciones en un período de cuatro años).
- No conceder tiempo suficiente para la elaboración de las pruebas.

IMPLEMENTACIÓN

La implementación abarca una gran variedad de actividades, que van desde la preparación de instrumentos de evaluación adecuados hasta su administración en las escuelas, pasando por la selección de los alumnos que responderán a tales instrumentos.

Actividades recomendadas

- Describir en detalle el contenido y las habilidades cognitivas del rendimiento, así como las variables contextuales que se evaluarán.
- Confiar la elaboración de las pruebas a miembros del personal familiarizados tanto con los estándares del plan de estudios como con los niveles de aprendizaje de los alumnos (en especial profesores en ejercicio).
- Utilizar instrumentos de evaluación que valoren debidamente los conocimientos y las habilidades sobre los cuales se necesita información y que aporten datos sobre subdominios de tales conocimientos o habilidades (por ejemplo, la resolución de problemas) en vez de limitarse a ofrecer una puntuación global.
- Elaborar ítems claros e inequívocos para las pruebas y los cuestionarios, y presentarlos de forma clara y atractiva.
- Velar por que existan procedimientos adecuados para evaluar la equivalencia de las versiones en diferentes idiomas en caso de ser necesaria la traducción de los instrumentos.

- Llevar a cabo pruebas piloto de los ítems, los cuestionarios y los manuales.
- Revisar los ítems para advertir las ambigüedades y los posibles sesgos relacionados con las características de los alumnos (por ejemplo, sexo, ubicación o pertenencia a un grupo étnico) y proceder a su modificación o eliminación en caso necesario.
- Releer atentamente y corregir todos los materiales.
- Establecer procedimientos para garantizar la seguridad de todos los materiales de la evaluación nacional (por ejemplo, las pruebas y los cuestionarios) a lo largo de todo el proceso de evaluación, con objeto de impedir que caigan en manos de personas no autorizadas.
- Obtener los servicios de una persona o unidad especializada en muestreo.
- Especificar la población objetivo (la población de la cual se extraerá efectivamente una muestra, es decir, la base de muestreo) y la población excluida (por ejemplo, los elementos de la población demasiado difíciles de alcanzar o que no podrían responder al instrumento) que se hayan definido. Deben facilitarse datos exactos sobre las poblaciones excluidas.
- Asegurarse de que la muestra propuesta es representativa y de tamaño suficiente como para proporcionar información sobre las poblaciones de interés con un nivel de error aceptable.
- Seleccionar los miembros de la muestra a partir de la base de muestreo y conforme a las probabilidades de selección conocidas.
- Seguir un procedimiento estándar durante la administración de las pruebas y los cuestionarios. Elaborar un manual de administración.
- Velar por que los examinadores estén plenamente familiarizados con el contenido de las pruebas, los cuestionarios y los manuales, así como con los procedimientos administrativos.
- Elaborar y poner en práctica un mecanismo de garantía de calidad que cubra, entre otras cosas, la validez de las pruebas, el muestreo, la impresión, la administración de las pruebas y la preparación de los datos.

Errores frecuentes

- Asignar las tareas de elaboración de las pruebas a personas no familiarizadas con los niveles probables de rendimiento de los alumnos

(por ejemplo, académicos), lo que puede dar lugar a una excesiva dificultad de las pruebas.
- No representar suficientemente el currículo en las pruebas, como ocurre, por ejemplo, al no incluir aspectos importantes del mismo.
- No llevar a cabo pruebas piloto de los ítems o realizarlas sobre una muestra no representativa de la población.
- Utilizar un número insuficiente de ítems en la versión final de la prueba.
- No proporcionar una definición clara del constructo sometido a evaluación (por ejemplo, lectura).
- No incluir un número suficiente de ítems de muestra para aquellos alumnos que no estén familiarizados con el formato de las pruebas.
- No motivar a los alumnos para que soliciten aclaraciones al supervisor de la prueba antes de realizarla.
- No informar en el tiempo y forma debidos a los impresores de las pruebas, los cuestionarios y los manuales.
- No prestar atención suficiente a la relectura y corrección de las pruebas, los cuestionarios y los manuales de administración.
- Emplear para el muestreo datos nacionales inadecuados u obsoletos sobre el número de alumnos y escuelas.
- No aplicar procedimientos de muestreo apropiados como, entre otros, la selección de un porcentaje de escuelas predeterminado (por ejemplo, el 5 por ciento).
- No proporcionar formación suficiente a los examinadores y a los administradores de los cuestionarios.
- Permitir la intervención externa (por ejemplo, la presencia del director en el aula) durante la administración de la prueba.
- Permitir que los alumnos se sienten cerca unos de otros durante la evaluación (lo cual incentiva que se copien entre sí).
- No conseguir crear un hábito de trabajo fuera del horario normal, cuando sea necesario, para finalizar las tareas esenciales a tiempo.

ANÁLISIS

Los análisis estadísticos organizan, resumen e interpretan los datos recabados en las escuelas. Deben abordar las cuestiones políticas identificadas durante la etapa de diseño de la evaluación nacional.

Actividades recomendadas

- Obtener servicios estadísticos competentes.
- Elaborar un manual de codificación con instrucciones específicas para la preparación de los datos destinados al análisis.
- Comprobar y limpiar los datos para eliminar los errores (por ejemplo, relativos a números, puntuaciones fuera de rango y discordancias entre los datos recopilados en diferentes niveles).
- Calcular los errores de muestreo, teniendo en cuenta las complejidades de la muestra, tales como la estratificación y el agrupamiento.
- Ponderar los datos de modo que la contribución de los diversos sectores de la muestra al conjunto de las puntuaciones de rendimiento refleje sus proporciones en la población objetivo.
- Comprobar el porcentaje de alumnos que alcanzaron los niveles o estándares establecidos como aceptables.
- Analizar los datos de evaluación para identificar los factores que podrían explicar la variación de los niveles de rendimiento de los alumnos, con objeto de aportar información para la formulación de políticas.
- Analizar los resultados por área del plan de estudios. Proporcionar información sobre los subdominios de un área del plan de estudios (por ejemplo, aspectos de lectura o matemáticas).
- Reconocer que el rendimiento de los alumnos puede ser atribuible a diversos factores de medición, curriculares y sociales.

Errores frecuentes

- Emplear análisis estadísticos inapropiados, inclusive el hecho de no ponderar los datos de la muestra en el análisis.
- Basar los resultados en pequeños números (por ejemplo, en una minoría de profesores que pudieran haber respondido a una pregunta determinada).
- Cotejar el desempeño de los alumnos en diferentes áreas del plan de estudios y afirmar que los alumnos obtienen mejores resultados en un área determinada basándose en las diferencias de las puntuaciones medias.

- No poner de relieve el carácter arbitrario de la puntuación de corte elegida para los resultados de las pruebas (por ejemplo, dominio frente a no dominio de la materia, aprobado frente a reprobado), establecer dicotomías en los resultados y no reconocer la amplia variedad de puntuaciones de las pruebas de un grupo.
- No informar de los errores típicos asociados a cada estadística.
- Computar y hacer públicas las clasificaciones de las escuelas en base a los resultados de las pruebas de desempeño sin tener en cuenta los principales factores contextuales que contribuyen a la clasificación. Cuando el desempeño de las escuelas se compara empleando puntuaciones de desempeño sin ajustar, puntuaciones ajustadas según factores contextuales (por ejemplo, el porcentaje de alumnos de origen socioeconómico desfavorecido) y puntuaciones ajustadas según resultados anteriores, aparecen clasificaciones diferentes.
- Inferir una relación causal en casos en los que podría no estar justificada (por ejemplo, atribuir las diferencias del resultado del aprendizaje a una variable, como la administración de las escuelas privadas o el tamaño de las clases).
- Comparar los resultados de las pruebas de dos periodos diferentes, aunque para ellas se hayan utilizado ítems que no son equivalentes.
- Comparar los resultados de las pruebas de dos periodos diferentes sin dejar constancia de la medida en que pueden haber cambiado importantes condiciones contextuales (por ejemplo, el plan de estudios, las matrículas, la renta de las familias o el nivel de conflictividad social) en el intervalo de tiempo transcurrido entre ellas. Aunque la mayoría de las variables relacionadas con la educación tienden a no cambiar rápidamente en un periodo corto de tiempo (por ejemplo, de 3 a 4 años), algunos países han adoptado políticas que han dado lugar a grandes variaciones en el número de matriculados. Por ejemplo, tras la supresión de los derechos de matrícula, se produjo un gran incremento del número de alumnos matriculados en las escuelas de Malaui y Uganda.
- Limitar el análisis en general a una lista de puntuaciones medias de regiones geográficas o administrativas.

REDACCIÓN DE INFORMES

A menos que se informe con claridad de las conclusiones y se tengan presentes las necesidades de las distintas partes interesadas, no tiene mucho sentido realizar una evaluación nacional.

Actividades recomendadas

- Elaborar los informes en los plazos previstos, teniendo presentes las necesidades de los clientes, y presentarlos en un formato que facilite su comprensión por parte de los interesados, especialmente aquellos en condiciones de tomar decisiones.
- Informar de los resultados por género y región, siempre que el diseño de la muestra lo permita.
- Proporcionar suficiente información en el informe o en un manual técnico como para dejar margen para la replicación de la evaluación.

Errores frecuentes

- Redactar informes excesivamente técnicos.
- No poner de relieve unas cuantas conclusiones principales.
- Hacer recomendaciones en relación con una variable específica, aunque el análisis haya puesto en duda la validez de los datos sobre esa variable.
- No relacionar los resultados de la evaluación con las cuestiones relativas al plan de estudios, los libros de texto y la formación de los profesores.
- No admitir que existen factores ajenos al control de los profesores y de las escuelas que contribuyen al resultado de las puntuaciones de las pruebas.
- No reconocer que las diferencias entre las puntuaciones medias pueden no ser significativas desde el punto de vista estadístico.
- Elaborar el informe demasiado tarde como para influir en las decisiones sobre las políticas aplicables.

- Hacer una reseña excesivamente extensa de la bibliografía especializada en el informe de evaluación.
- No dar a conocer los mensajes clave más importantes del informe adaptados a cada uno de los diferentes públicos interesados.

DIFUSIÓN Y UTILIZACIÓN DE LAS CONCLUSIONES

Es importante que los resultados de las evaluaciones nacionales no se queden guardados en los cajones de los responsables de las políticas, sino que se comuniquen en un lenguaje adecuado a todos aquellos que puedan influir en la calidad del aprendizaje de los alumnos.

Actividades recomendadas

- Facilitar los resultados a las partes interesadas, especialmente a los principales responsables de la formulación y administración de las políticas.
- Utilizar los resultados, cuando proceda, para la formulación de políticas y para mejorar la docencia y los planes de estudios.

Errores frecuentes

- No tener en cuenta los resultados a la hora de elaborar las políticas.
- En el caso de las principales partes interesadas (por ejemplo, los formadores de profesores o el personal encargado de los planes de estudios), no tener en consideración las implicaciones de las conclusiones de la evaluación nacional.
- En el caso del equipo de evaluación nacional, no reflexionar sobre las lecciones aprendidas y no tenerlas en cuenta en evaluaciones complementarias posteriores.

CAPÍTULO  EVALUACIONES INTERNACIONALES DE RENDIMIENTO ACADÉMICO

En este capítulo, se describen las evaluaciones internacionales de rendimiento académico de los alumnos, dado que se usan en muchos países para proporcionar datos para evaluaciones nacionales. Primero, se describen las características principales de las evaluaciones internacionales en términos de sus similitudes y diferencias con las evaluaciones nacionales. Luego, se describe el crecimiento de la actividad de evaluación internacional. A continuación, se identifican las ventajas y los problemas relacionados con las evaluaciones internacionales.

Una evaluación internacional del rendimiento estudiantil tiene muchas similitudes con una evaluación nacional. Ambos ejercicios utilizan procedimientos similares (en términos de elaboración de los instrumentos, las muestras, los puntajes y el análisis). También es posible que tengan objetivos similares: (a) determinar cuánto aprenden los estudiantes en el sistema educativo; (b) identificar las fortalezas y debilidades del conocimiento y las habilidades que han obtenido los estudiantes; (c) comparar el rendimiento de subgrupos poblacionales (por ejemplo, en términos de género o ubicación); o (d) determinar la relación entre el rendimiento del estudiante y diferentes características del entorno educativo, los hogares y las comunidades. Asimismo, ambos ejercicios pueden intentar establecer si el rendimiento de los estudiantes cambia con el tiempo (Kellaghan y Greaney, 2004). En la práctica, sin embargo, no siempre queda claro por qué un país decide participar en una evaluación internacional (Ferrer, 2006).

La ventaja principal de una evaluación internacional, en comparación con una evaluación nacional, es que tiene como objetivo brindar a los responsables políticos, los educadores y al público en general información sobre su sistema educativo en relación con otros (Beaton et al. 1999; Husén, 1973; Postlethwaite, 2004). Se supone que esta información presiona a legisladores y políticos a que mejoren los servicios. Además, se espera que la información ayude a lograr un mayor entendimiento de los factores (que varían entre países) que contribuyen a las diferencias en el rendimiento de los estudiantes.

A lo largo de los años, las áreas curriculares que han logrado la tasa más alta de participación en estudios internacionales han sido la comprensión lectora, las matemáticas y las ciencias. Se han llevado a cabo estudios en los niveles primario y secundario. Generalmente, se usa una combinación de grado y edad para determinar quiénes participarán (por ejemplo, estudiantes de dos grados consecutivos con mayor proporción de niños de 9 y 13 años; estudiantes en grados que contengan mayoría de niños de 9 y 14 años; el grado superior de dos grados consecutivos con mayor proporción de niños de 9 años). Si bien en otro estudio internacional se seleccionaron estudiantes de una edad específica (15 años).

Los resultados de evaluaciones internacionales como el Estudio Internacional de Tendencias en Matemáticas y Ciencias (TIMSS) y el Programa para la Evaluación Internacional de Alumnos (PISA), junto con los de las evaluaciones regionales, pueden utilizarse para generar, por otro lado, informes nacionales sobre el rendimiento en el país. Es posible acceder a bases de datos internacionales para realizar dichos análisis.

Los países se basan en los resultados de evaluaciones nacionales e internacionales para la generación de políticas en diferentes medidas. Muchos países industriales llevan a cabo sus propias evaluaciones nacionales, además de participar en evaluaciones internacionales. Estados Unidos cuenta con su propia Evaluación Nacional del Progreso Educativo para los grados 4, 8 y 12. También participa en evaluaciones internacionales de rendimiento. Algunos países industrializados (por ejemplo, la Federación Rusa y Alemania) han participado en evaluaciones internacionales, pero no llevan a cabo evaluaciones nacionales. De la misma forma, algunos países en desarrollo han usado las evaluaciones internacionales para desarrollar su propia forma de evaluación nacional (Braun y Kanjee, 2007). Y muchos de los países más pobres del mundo no han participado en evaluaciones internacionales ni realizado sus propias evaluaciones nacionales, aunque la situación ha cambiado en los últimos años.

CRECIMIENTO DE LA ACTIVIDAD DE EVALUACIÓN INTERNACIONAL

La actividad de evaluación internacional se inició cuando un grupo de investigadores se reunió en 1958 para considerar la posibilidad de realizar un estudio de resultados mensurables y sus determinantes en sistemas educativos y comparar los resultados entre éstos (Husén y Postlethwaite, 1996). Desde entonces, más de 60 países han participado en estudios internacionales en una o más de las diferentes áreas curriculares: comprensión lectora, matemáticas, ciencias, escritura, literatura, lenguas extranjeras, educación cívica y conocimientos informáticos. Las evaluaciones internacionales más reconocidas son TIMSS (véase B.1 en el apéndice B) y el Estudio sobre el Progreso Internacional de la Competencia en Lectura (PIRLS) (véase B.2 en el apéndice B) de la Asociación Internacional para la Evaluación del Rendimiento Educativo (IEA) y PISA (véase B.3 en el apéndice B) de la Organización para la Cooperación y el Desarrollo Económicos (OCDE). Se han llevado a cabo evaluaciones regionales de comprensión lectora y matemáticas en el sur y el este de África (véase C.1 en el apéndice C), en las áreas francófonas de África (véase C.2 en el apéndice C) y en America Latina (véase C.3 en el apéndice C). En la tabla 6.1 se presentan varias diferencias entre TIMSS y PISA (véase también B.1 y B.3 en el apéndice B).

La cantidad de países que participan en estudios internacionales ha aumentado con el tiempo. En 1991, 32 países participaron en el Estudio de Comprensión Lectora de la IEA, aunque, en general, hasta la década de 1980 habían participado menos de 20 países. En 2003,

TABLA 6.1

Comparación de TIMSS y PISA

	TIMSS 2003	PISA 2003
Objetivos	Brindar evidencia comparativa sobre la medida en que los estudiantes han dominado los contenidos del plan de estudios escolar oficial en las áreas de matemáticas y ciencias, que es común en diferentes países. Controlar los cambios en los niveles de rendimiento en el tiempo. Monitorear la actitud de los estudiantes con respecto a matemáticas y ciencias. Examinar la relación entre una gama de factores educativos y escolares, y el rendimiento. (La comprensión lectora se evalúa mediante una evaluación PIRLS separada).	Brindar evidencia comparativa del "rendimiento" del sistema educativo en los principales países industrializados y evaluar si los estudiantes pueden aplicar sus conocimientos y competencias de comprensión lectora, matemáticas y ciencias en situaciones del mundo real. Monitorear los cambios en los niveles de rendimiento y equidad de los resultados de aprendizaje en el tiempo. Monitorear el enfoque de los estudiantes al aprendizaje y su actitud frente a las matemáticas, ciencias y comprensión lectora. Brindar una base de datos para el desarrollo de políticas.
Marco	Desarrollado por expertos en el contenido provenientes de algunos de los países participantes.	Desarrollado por expertos en el contenido provenientes de algunos de los países participantes.
Población objetivo	Grados 4 y 8.	Alumnos de 15 años.
Adecuación curricular	Diseñado para evaluar el plan de estudios oficial organizado en áreas curriculares comunes a los países participantes.	Diseñado para examinar el conocimiento adquirido dentro y fuera de la escuela, definido en términos de ideas y competencias generales aplicadas a situaciones personales, educativas, ocupacionales, públicas y científicas.
Diferencias de contenido de los ítems (matemáticas, grado 8)	Grado 8, distribución de los ítems: • Números, 30 % • Álgebra, 25 % • Datos, 15 % • Geometría, 15 % • Medición, 15 %	Matemáticas, conceptos generales: • Cantidad • Espacio y forma • Cambio y relaciones • Incertidumbre	Distribución de ítems: • Números, 31,8 % • Geometría, 21,2 % • Estadística, 21,2 % • Funciones, 10,6 % • Matemática discreta, 5,9 % • Probabilidades, 5,9 % • Álgebra, 3,5 %

(continúa)

TABLA 6.1 *(continúa)*

	TIMSS 2003	PISA 2003
Procesos cognitivos	Grado 8: • Resolución de problemas de rutina, 40 % • Uso de los conceptos, 20 % • Conocimiento de hechos y procedimientos, 15 % • Razonamiento, 25 %	Distribución de ítems: • Conexión, 47 % • Reproducción, 31 % • Razonamiento, 22 %
Tipos de ítems (matemáticas)	Aproximadamente dos tercios son ítems de opción múltiple, mientras que el resto son de respuesta construida o de respuesta abierta.	Aproximadamente un tercio son ítems de opción múltiple, mientras que el resto son de respuesta cerrada (una única respuesta correcta) o de respuesta abierta (más de una respuesta correcta).
Frecuencia	Cada cuatro años: mismo énfasis en matemáticas y ciencias en cada ciclo.	Cada tres años: cobertura en profundidad de un dominio (materia) cada nueve años (comprensión lectora en el 2000, matemáticas en el 2003 y ciencias en el 2006), además de una cobertura menos profunda de las otras dos cada tres años.
Cobertura geográfica	48 países: 20 países de ingresos altos, 26 países de ingresos medios y 2 países de ingresos bajos.	30 países que pertenecen a la OCDE y otros 11 países.
Análisis	Cuatro niveles de referencia y una puntuación media, que se basan en todos los países participantes.	Siete niveles de competencia en matemáticas y una puntuación media, basados en los países de la OCDE.

Fuente: los marcos de TIMSS y PISA; estadísticas del Centro Nacional de Educación de Estados Unidos; la base de datos de los Indicadores de Desarrollo Mundial.

52 países participaron en TIMSS y 41 en PISA (30 países miembros de la OCDE y 11 países "asociados"). Asimismo, los estudios internacionales de los últimos años han prestado mayor atención al monitoreo del rendimiento en el tiempo. Las tres evaluaciones internacionales más importantes de la actualidad (TIMSS, PIRLS y PISA) se realizan cíclicamente y se las describe como estudios de "tendencias".

En términos generales, la participación de países no industrializados en estudios internacionales ha sido baja. Sin embargo, de acuerdo con el aumento general en la cantidad de países que han participado en estudios internacionales, la cantidad de países no industrializados ha aumentado con el tiempo. TIMSS atrajo la mayor cantidad en 2003 (siete de África) y 2007 (seis de África). Como generalmente sucede en estudios internacionales, los países no industrializados han demostrado un mayor interés en formar parte de los estudios sobre matemáticas y comprensión lectora que de los de otras áreas curriculares.

El reciente crecimiento de la participación en los estudios internacionales se puede atribuir a la globalización, al movimiento en salud y educación para proporcionar un punto de referencia de servicios en comparación con los de otros países, y al interés en los mandatos mundiales. Cierta evidencia respalda la idea de que la calidad educativa (en especial aquellos aspectos que se representan mediante el rendimiento en matemáticas y ciencias) son fundamentales para el crecimiento económico, aunque esto no es coherente entre países ni a lo largo del tiempo (Coulombe, Tremblay y Marchand, 2004; Hanushek y Kimko, 2000; Hanushek y Wössmann, 2007; Ramirez et al., 2006). Sin importar el motivo, la política educativa en todo el mundo se ha concentrado más en la necesidad de controlar el rendimiento de los estudiantes en un contexto internacional.

VENTAJAS DE LAS EVALUACIONES INTERNACIONALES

Se han propuesto diferentes razones para motivar a que los países participen en evaluaciones internacionales de rendimiento estudiantil. Tal vez el más obvio sea que los estudios internacionales brindan un marco comparativo sobre el que evaluar el rendimiento de los estudiantes y el plan de estudios de un país, y para elaborar procedimientos para solucionar las deficiencias percibidas (Štraus, 2005). Al comparar resultados de diferentes países, se pueden utilizar los resultados de las evaluaciones para ayudar a establecer qué se puede lograr, cómo se distribuye el rendimiento y cuál es la relación entre el rendimiento promedio y su distribución. Por ejemplo, ¿puede coexistir un rendimiento promedio alto con pequeñas disparidades en el desempeño? Los resultados del PISA sugieren que sí.

Los datos sobre el rendimiento solo brindan información limitada. Se ha argumentado que una ventaja de los estudios internacionales es que pueden capitalizar la variabilidad que existe entre los sistemas educativos. De esa forma, se amplía el margen de condiciones que se pueden estudiar, más allá de aquellas usadas en un país (Husén, 1973). Así pues, el análisis de los datos recolectados en estos estudios considera regularmente las asociaciones entre el rendimiento y una amplia gama de variables contextuales. El espectro de variables consideradas incluye el contenido del plan de estudios, el tiempo utilizado para realizar tareas escolares, la capacitación de los docentes, el tamaño de la clase y la organización del sistema educativo. Claramente, el valor de los estudios internacionales aumenta en la medida en que proporciona a investigadores y legisladores información que sugiere hipótesis sobre los motivos por los que el rendimiento de los estudiantes difiere entre países. Los estudios también brindan una base para la evaluación de políticas y prácticas.

Las evaluaciones internacionales tienen el potencial de poner de manifiesto conceptos para entender la educación que han sido ignorados en un país (por ejemplo, definir qué es la alfabetización o conceptualizar el plan de estudios en términos de intención, implementación y rendimiento; véase, por ejemplo, Elley, 2005). Las evaluaciones también pueden ayudar a detectar premisas que se daban por sentadas (por ejemplo, el valor de la educación abarcativa en comparación con la selectiva, la asociación entre un menor tamaño de clase y un mayor rendimiento, o los beneficios de repetir el grado para los estudiantes) y a impulsar su cuestionamiento.

Los estudios internacionales suelen atraer más la atención de los medios de comunicación y de una amplia gama de grupos de interés, como políticos, legisladores, académicos, docentes y el público en general. Las diferencias entre los países en los niveles de rendimiento son obvias en las estadísticas descriptivas que se incluyen en los informes de los estudios. De hecho, esas diferencias suelen indicarse en "tablas clasificatorias", donde se ordenan los países según su nivel promedio de rendimiento. Los datos comparativos provistos en estos estudios tienen un mayor "efecto" que los resultados de una evaluación nacional. Un resultado bajo puede promocionar el debate que, a su vez, puede brindar a los políticos y a otros legisladores razones para aumentar el presupuesto del sector educativo, especialmente si los bajos resultados se asocian con una pobre inversión en educación.

Una característica importante de una evaluación internacional es que brinda información que los países pueden utilizar para realizar análisis internos, para lo que luego será un informe de evaluación nacional. Esta práctica es seguida por países que participan en el PISA (consulte B.3 en el apéndice B) y SACMEQ (véase C.1 en el apéndice C). Esta práctica se mejora si, además de los datos obtenidos para el estudio internacional, se recopilan datos relacionados con los problemas de interés o preocupaciones específicos de países individuales.

Participar en evaluaciones internacionales presenta diferentes ventajas prácticas, especialmente para aquellos países cuyas universidades no cuentan con la capacidad de desarrollar los tipos de habilidades necesarias para las evaluaciones nacionales. Primero, una agencia central puede realizar análisis a nivel nacional que se pueden usar en informes de países individuales. Segundo, los estudios pueden contribuir al desarrollo de la capacidad local en diferentes actividades técnicas: muestreo, definición de rendimiento, desarrollo de pruebas, análisis de estadísticas y redacción de informes. Tercero, los requisitos y costos de personal (por ejemplo, para el desarrollo de instrumentos, depuración y análisis de datos) pueden ser inferiores a los de las evaluaciones nacionales porque se comparten con otros países.

Un estudio sobre el efecto de TIMSS sobre la enseñanza y el aprendizaje de matemáticas y ciencias en los países participantes brinda evidencia de la variedad de actividades que puede generar un estudio internacional (Robitaille, Beaton y Plomp, 2000):

- Los resultados del TIMSS se presentaron en los debates parlamentarios sobre los cambios planeados en las políticas educativas (Japón).
- El Ministerio de Educación estableció una comisión especial de matemáticas y ciencias (Nueva Zelanda).
- El presidente ordenó que se implementara un "plan de rescate" para mejorar el rendimiento en ciencias y matemáticas (con atención especial en la formación de los profesores) (Filipinas).
- Se establecieron puntos de referencia nacionales en alfabetización y aritmética elemental (Australia).
- Los resultados contribuyeron al desarrollo de nuevos estándares educativos en matemáticas y ciencias (Federación Rusa).

- Los resultados ayudaron a cambiar la naturaleza de los debates públicos en el campo de la educación, de debates basados en opiniones a debates basados en hechos (Suiza).
- Los resultados llevaron al desarrollo de materiales didácticos a partir del análisis de las concepciones erróneas y los errores de los estudiantes en sus respuestas a las tareas del TIMSS (Canadá).
- Los resultados aceleraron los cambios en la revisión de los planes de estudios (República Checa, Singapur).
- Los resultados del TIMSS se identificaron como uno de varios factores que influyen sobre los cambios en la política educativa de matemáticas (Inglaterra).
- Se formaron comités para revisar los currículos de matemáticas y ciencias (Kuwait).
- Se agregaron temas nuevos al currículo de matemáticas (Rumania).
- En los currículos de matemáticas y ciencias se introdujo nuevo contenido relacionado con situaciones reales (España).
- Los resultados ayudaron a destacar la necesidad de mejorar el equilibrio entre las matemáticas puras y las matemáticas en contexto (Suecia).
- Los resultados del TIMSS respaldaron las creencias sobre las diferencias de género y la actitud negativa hacia las ciencias y las matemáticas, y se utilizaron como base para una reforma del plan de estudios y el desarrollo profesional de los docentes (República de Corea).
- Los resultados influyeron en el resultado de los debates sobre la mejora de la organización de la educación del profesorado y el énfasis en ella (Islandia).
- Los resultados del TIMSS llevaron a adoptar medidas para fortalecer el desarrollo profesional de los docentes de matemáticas y ciencias (Noruega, Estados Unidos).
- Se estableció un sistema de examen centralizado, en parte como respuesta a los resultados del TIMSS (Letonia).
- Los resultados del TIMSS influyeron en cambios importantes en educación, la organización de la escuela y la clase, la educación de los docentes y el establecimiento de objetivos para las escuelas (Escocia).

- Los resultados del TIMSS afectaron a la investigación educativa, el desarrollo de estándares, el desarrollo de documentos para el currículo, los estudios en docencia, las metodologías de enseñanza de matemáticas y ciencias y el desarrollo de los libros de texto (República Eslovaca).

Los resultados de los análisis de los datos de PISA han llevado a lo siguiente:

- Cuestionar el valor del uso extensivo de computadoras en el aula para aumentar el rendimiento.
- Destacar que el nivel de gasto nacional en educación no se relaciona con el rendimiento (entre los países participantes).
- Dar lugar a un debate general sobre políticas educativas (Alemania).
- Contribuir al desarrollo del currículo de ciencias en la enseñanza secundaria (Irlanda).
- Enfatizar la complejidad de la relación entre el estado socioeconómico y el rendimiento en comprensión lectora en todos los países.
- Acentuar la relación entre el rendimiento, los tipos de escuela y el seguimiento del plan de estudios dentro de las escuelas.
- Respaldar la noción de que las escuelas públicas y privadas tienden a afectar de la misma manera a los mismos tipos de alumnos, pero que las escuelas privadas de dependencia estatal son relativamente más eficaces para los alumnos de niveles socioeconómicos más bajos.
- Subrayar la necesidad de programas intensivos de lengua y comprensión lectora para estudiantes nacidos en el extranjero, a fin de ayudar a fomentar el rendimiento (Suiza).

PROBLEMAS CON LAS EVALUACIONES INTERNACIONALES

A pesar de las ventajas obvias, antes de que un país decida participar en una evaluación internacional, existen algunos problemas relacionados que merecen consideración (véase Kellaghan 1996).

Primero, es difícil diseñar un procedimiento de evaluación que mida de forma adecuada los resultados de una variedad de planes de estudios. Aunque los planes de estudios en todo el mundo tienen elementos en común, en particular en el nivel de enseñanza primaria, también existen diferencias considerables entre los países en cuanto a qué se enseña, cuándo se enseña y qué estándares de rendimiento se esperan.

La revisión de Sudáfrica de los elementos del TIMSS muestra que solo el 18 % de los temas de ciencias coincidió con el plan de estudios nacional del 7.º grado, mientras que el 50 % coincidió con el plan de estudios del 8.º grado (Howie y Hughes 2000). Cuanto mayor es la diferencia entre los planes de estudios y los niveles de rendimiento de los países que participan en una evaluación internacional, más difícil es delinear un procedimiento de evaluación que se adapte a todos los países, y más dudosa es la validez de toda inferencia que se haga sobre los rendimientos comparados.

Cabría esperar que una prueba de rendimiento que esté basada en el contenido de un currículo nacional proporcione una medición más válida del dominio de este currículo que una que esté diseñada para servir como común denominador de los planes de estudios ofrecidos en 30 o 40 países. Por ejemplo, una persona responsable del plan de estudios nacional y los diseñadores de una evaluación internacional podrían asignar diferentes grados de importancia a una habilidad tal como sacar conclusiones a partir de un texto. Una evaluación nacional, en lugar de una evaluación internacional, también puede evaluar aspectos académicos que sean únicos en cada país.

Delinear un instrumento de evaluación común es más difícil para algunas áreas del plan de estudios (por ejemplo, ciencias y estudios sociales) que para otras (por ejemplo, comprensión lectora). En el caso de ciencias, por ejemplo, se ha descubierto que los patrones de rendimiento son más heterogéneos que en matemáticas. Además, se requiere un mayor número de factores para justificar las diferencias de rendimiento de los estudiantes en ciencias que en matemáticas. Por lo tanto, es difícil concebir una prueba de ciencias que sea apropiada para una variedad de sistemas educativos.

Un segundo problema de los estudios internacionales es que, aunque estudios previos tuvieron el propósito ambicioso de sacar provecho de las diferencias que existen entre los sistemas educativos para evaluar la importancia relativa de una variedad de recursos escolares y de procesos de aprendizaje, este objetivo, en la práctica, resultó ser muy difícil de alcanzar. Dado que el efecto relativo de las variables depende del contexto en el que se encuentran, no se puede dar por hecho que las prácticas asociadas con el rendimiento alto en un país muestren una relación similar en otro. De hecho, se ha descubierto que la solidez de las correlaciones entre los factores de fondo y el rendimiento varían de un país a otro (véase, por ejemplo, la OCDE y el Instituto de Estadística de la UNESCO 2003; Wilkins, Zembylas y Travers 2002). Existen dificultades particulares cuando los países en desarrollo forman parte de un estudio diseñado para países industrializados, porque los factores socioeconómicos en tales países pueden diferir mucho de aquellos que prevalecen en los países industrializados y pueden incluir pobreza, factores relacionados con la nutrición y la salud, e infraestructura y recursos educativos escasos.

Tercero, tal vez las poblaciones y las muestras de estudiantes que participan en las evaluaciones internacionales no sean estrictamente comparables. Por ejemplo, podrían aparecer diferencias en el rendimiento porque los países difieren en la medida en que las categorías de estudiantes se eliminan de las clases regulares y, de este modo, se excluyen de una evaluación (por ejemplo, los estudiantes en programas especiales o los estudiantes en escuelas en las que el idioma de enseñanza difiere del idioma de la evaluación). El problema es más obvio donde (a) la edad de inscripción en las escuelas, (b) la permanencia y (c) las tasas de abandono escolar difieren de un país al otro, y es especialmente relevante en los estudios en los que participan países industrializados y en desarrollo. En algunos países en desarrollo, muchos estudiantes han abandonado la escuela mucho antes del final del período de escolaridad obligatoria. Mientras que los índices de inscripción netos en la escuela primaria para Europa Occidental y América del Norte son de casi el 100 %, los índices para los países de África Subsahariana son, en promedio, de menos del 60 % (UNESCO 2002). Los patrones de abandono temprano pueden variar entre países. En América Latina y los países árabes, es más probable que los niños no completen el 5.º grado, en comparación con las niñas; lo opuesto se da en algunos países de África (por ejemplo, Guinea y Mozambique). Aparecieron problemas de muestreo para el TIMSS en la República de Yemen, donde varias escuelas no tenían clases de 4.º grado y donde no se pudo localizar una escuela para niños nómadas.

En una evaluación nacional pueden surgir problemas de comparabilidad similares. Por ejemplo, la diferencia en el rendimiento de los estudiantes en los estados de la India se ha atribuido a índices de supervivencia diferentes (véase A.1 en el apéndice A).

Cuarto, dado que las diferencias en la puntuación de la prueba son un factor importante, si uno desea (a) describir de forma adecuada los logros de los estudiantes en el sistema educativo, y (b) determinar los correlatos de rendimiento, las pruebas nacionales cuidadosamente diseñadas deben asegurar una distribución relativamente amplia de las puntuaciones de la prueba. Sin embargo, muchos temas en las evaluaciones internacionales han sido demasiado difíciles para estudiantes de países menos industrializados, lo que resultó en una varianza restringida de la puntuación de la prueba. Este resultado se refleja en los datos presentados en la tabla 6.2, que se basan en una selección de países que participaron en el TIMSS 2003.

TABLA 6.2
Porcentaje de estudiantes que alcanzaron los niveles de referencia internacionales del TIMSS en matemáticas, 8.° grado: Países con puntuación alta y baja

Países	Avanzado[a]	Alto[a]	Intermedio[a]	Bajo[a]
Singapur	44	77	93	99
Taipéi Chino	38	66	85	96
República de Corea	35	70	90	98
Promedio internacional	**7**	**23**	**49**	**74**
Filipinas	0	3	14	39
Bahréin	0	2	17	51
Sudáfrica	0	2	6	10
Túnez	0	1	15	55
Marruecos	0	1	10	42
Botsuana	0	1	7	32
Arabia Saudita	0	0	3	19
Ghana	0	0	2	9

Fuente: Mullis et al. 2004, 64.
a. Definiciones utilizadas en el TIMSS 2003: Avanzado: los estudiantes pueden organizar la información, generalizar, resolver problemas no rutinarios y sacar conclusiones y justificarlas a partir de datos. Alto: los estudiantes pueden aplicar su entendimiento y conocimiento a una amplia variedad de situaciones relativamente complejas. Intermedio: los estudiantes pueden aplicar conocimientos matemáticos básicos a soluciones directas. Bajo: los estudiantes tienen un conocimiento matemático básico.

Los datos muestran el porcentaje de estudiantes de 8.º grado que alcanzaron niveles o indicadores de rendimiento al compararlos con todos los estudiantes que tomaron la prueba. El siete por ciento de todos los que tomaron la prueba de matemáticas alcanzaron el nivel de referencia internacional "avanzado", el 23 % el nivel de referencia "alto", la mitad el nivel de referencia "intermedio" y, en líneas generales, tres cuartos el nivel de referencia "bajo". En un marcado contraste, el 2 % de los estudiantes ghaneses alcanzó el nivel de referencia "intermedio" y el 9 % alcanzó el nivel de referencia "bajo". Cero por ciento alcanzó los niveles de referencia internacionales "avanzado" y "alto".

Del mismo modo, en el PISA 2003, se hizo hincapié en el uso limitado de la evaluación para la creación de políticas internas debido a la falta de varianza de la puntuación de la prueba en varios países participantes; la mayoría de los estudiantes de 15 años en Brasil, Indonesia y Túnez obtuvieron una puntuación por debajo del Nivel 1. (Se ha sugerido el Nivel 2 como requisito mínimo para los estudiantes que ingresan en el mundo laboral y el de la educación superior). Claramente, la información sobre el rango de los rendimientos de los estudiantes en estos sistemas educativos que estos estudios proporcionan a los legisladores y a quienes toman las decisiones es limitada. Asimismo, debido a la varianza limitada en el rendimiento, las correlaciones entre el rendimiento y las variables de origen o escolares no aclararían mucho sobre los factores que contribuyen al rendimiento.

Quinto, surge un problema cuando el enfoque principal al informar sobre los resultados de una evaluación internacional se encuentra en la clasificación de los países según las puntuaciones promedio de sus estudiantes, que en general son el interés principal de los medios. Las clasificaciones en sí mismas no nos dicen nada sobre los múltiples factores que pueden ser la base de las diferencias de rendimiento entre los países. Además, las clasificaciones pueden ser engañosas cuando se ignora la importancia estadística de las diferencias medias de rendimiento. El nivel de un país puede variar según los países que participen, una consideración importante al comparar las clasificaciones en el tiempo. Por lo tanto, por ejemplo, si el número de países tradicionalmente de alto rendimiento disminuye y el número de países tradicionalmente de bajo rendimiento aumenta, el nivel de un país puede aumentar sin necesidad de que ello implique una mejora en el rendimiento.

Sexto, el rendimiento deficiente en una evaluación internacional (así como en una evaluación nacional) puede conllevar algunos riesgos políticos para los funcionarios clave relacionados con la educación, entre ellos ministros y funcionarios de los ministerios de educación. Es probable que el riesgo sea mayor cuando la clasificación internacional de un país es inferior a la de un país tradicionalmente rival. En algunos países en los que se recopilaron datos, los funcionarios se negaron a permitir que los resultados se incluyeran en las comparaciones entre países publicadas. (IEA ya no permite que los países participantes opten por no incluirse en las comparaciones). Parecería más adecuado obtener datos comparativos de países vecinos o de países dentro de una región que obtener datos de países de todo el mundo que difieren enormemente en su nivel de desarrollo socioeconómico. Un ejemplo de este método es el de América Latina y el Caribe, donde, en 1997, 13 países llevaron a cabo una evaluación conjunta de las competencias básicas en lengua y matemáticas (véase C.3 en el apéndice C). Las evaluaciones del SACMEQ en África del Sur y África Oriental que se realizaron bajo los auspicios de una red de ministerios en la década de 1990 también permitió comparaciones internacionales a nivel regional (véase C.1 en el apéndice C).

Séptimo, las demandas de cumplimiento de un plazo pueden resultar muy difíciles para países que no tienen personal administrativo y que deben lidiar con una infraestructura de comunicación deficiente (véase el recuadro 6.1). El tiempo permitido para realizar varias tareas (por ejemplo, imprimir o distribuir cuadernillos) relacionadas con una evaluación internacional y que se puede considerar razonable en los países industrializados, puede ser insuficiente dada la cantidad de problemas básicos—entre ellos, sistemas de comunicación deficientes—que existen en muchos países en desarrollo.

Finalmente, la participación en un estudio internacional se asocia con costos sustanciales. Se exigía a los países que participaban en el

> **RECUADRO 6.1**
>
> **La experiencia de Sudáfrica con las evaluaciones internacionales**
>
> La experiencia de Sudáfrica con el TIMSS subraya los problemas a los que se enfrentan quienes implementan las evaluaciones internacionales. Los plazos impuestos por los organizadores pueden ser difíciles de cumplir, si no imposibles, en lugares donde el servicio postal, el servicio telefónico o los fondos para viajar a las escuelas son inadecuados.
>
> Otros problemas incluyen la falta de datos poblacionales precisos de las escuelas; una capacidad de gestión deficiente; una atención insuficiente a los detalles, en especial a la edición, la codificación y la recopilación de datos; la falta de financiación para subvencionar a los trabajadores del proyecto; y la dificultad para asegurar una impresión de calidad a tiempo. Las instrucciones para los examinadores (por ejemplo, caminar de un extremo del pasillo al otro) son obviamente inapropiadas cuando las aulas no tienen un pasillo.
>
> *Fuente:* Howie 2000.

TIMSS para 8.º grado que pagaran 40.000 dólares estadounidenses además de todos los costos asociados con la impresión, distribución, administración de la prueba, introducción de datos y puntuación. Si bien es cierto que también las evaluaciones nacionales tienen considerables costos relacionados.

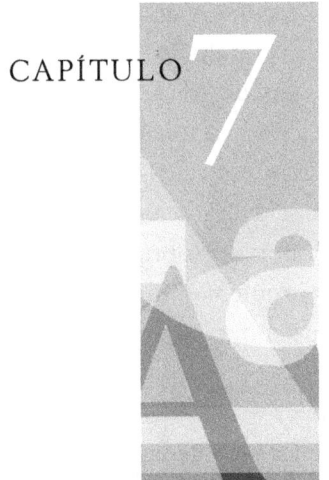

CAPÍTULO 7
CONCLUSIÓN

Los lectores perseverantes que han llegado hasta aquí ya deben estar familiarizados con las características principales de las evaluaciones nacionales e internacionales, con sus similitudes y sus diferencias, con las razones para proceder a una evaluación y con los problemas a los que deben estar muy atentos durante el proceso. Los lectores también deben tener una comprensión general de las actividades principales implicadas, incluidas la identificación de cuestiones fundamentales asociadas a las políticas, la creación de instrumentos, la selección de escuelas y alumnos para representar al sistema educativo, el análisis de los datos para describir los rendimientos de los estudiantes y sus correlatos, y la comunicación de los resultados a un público diverso. Todas esas tareas requieren conocimientos y habilidades especializados.

Si el lector es uno de los máximos responsables o gestor de las políticas de un ministerio de educación, es improbable que él o ella cuenten con los conocimientos específicos o las habilidades implícitos en todos los aspectos de la ejecución de una evaluación nacional. Esa carencia no significa que no tengan un papel importante que desempeñar en una evaluación, tanto en su inicio y su diseño general como en facilitar su implementación e interpretar y aplicar sus resultados. En este capítulo prestamos particular atención al papel del responsable o gestor de las políticas en el desarrollo y la institucionalización de una actividad de evaluación nacional y en el uso óptimo de sus resultados.

Los responsables políticos o sus gestores en posición de tomar decisiones acerca de si se debe realizar una evaluación nacional (o participar en una evaluación internacional) deben estar convencidos de que la información que ofrece la evaluación será útil para identificar problemas en el sistema educativo y para informar sobre políticas y prácticas con el fin de ocuparse de dichos problemas. Su compromiso probablemente se reforzará si la evaluación cumple cinco condiciones.

En primer lugar, los logros de los estudiantes evaluados se consideran un resultado importante de la escolarización y reflejan adecuadamente el currículo. En segundo lugar, el instrumento utilizado en la evaluación tiene el potencial de ofrecer información diagnóstica sobre aspectos del rendimiento académico, en particular, los puntos fuertes y débiles en el perfil de logros. En tercer lugar, el método de muestreo (si la evaluación se basa en muestras) garantiza que los datos recogidos adecuadamente representan los logros del sistema educativo en su conjunto (o una parte claramente identificada del mismo). En cuarto lugar, se utilizan análisis apropiados para identificar y describir las características principales de los datos, incluyendo relaciones entre variables significativas. En quinto lugar, los aspectos técnicos de la evaluación se ajustan a estándares profesionales actuales en áreas como el desarrollo de pruebas, el muestreo y los análisis estadísticos.

Todas esas actividades requieren una cantidad considerable de recursos y apoyo político. Por ejemplo, el responsable de formular políticas o el gestor de las mismas tienen una función decisiva para asegurar que se cuente con los conocimientos y habilidades requeridos para el diseño, la gestión y la interpretación de una evaluación nacional. En muchos países en los que no estén disponibles a nivel local, será necesario elaborarlos específicamente para hacer una evaluación y para ello se necesitan programas de capacitación iniciales a corto y largo plazo. Después de elaborar dichos programas, se debe prever la posibilidad de incrementar de forma regular las habilidades técnicas de las personas implicadas en la administración de una evaluación nacional a través de programas de capacitación dentro del país, asistencia a reuniones profesionales y más estudios de posgrado a largo plazo.

En algunos países, las actividades de evaluaciones nacionales parecen funcionar al margen del sistema educativo, separadas de la estructura y los procesos normales de las políticas y la toma de decisiones. En semejante situación no existe ninguna garantía de que la información obtenida en una evaluación se utilice para orientar las políticas, ni de que se realicen evaluaciones nacionales en el futuro para supervisar cómo podría cambiar el rendimiento con el paso del tiempo. Para abordar esas cuestiones, la actividad de evaluación nacional debería convertirse en una parte normal del funcionamiento del sistema educativo. Dicha actividad requerirá la participación activa de algunos de los máximos responsables de la formulación de políticas en el diseño global de la evaluación, así como también en la participación, o representación, en el Comité Director Nacional. También necesitará un presupuesto adecuado y una decisión sobre la localización de la actividad, que puede variar de uno a otro país, dependiendo de las circunstancias locales.

El compromiso del Gobierno a largo plazo es muy importante para construir una sólida base institucional con el fin de realizar evaluaciones nacionales regulares. Dicho compromiso puede permitir que un organismo se ocupe de reclutar y capacitar a individuos con experiencia clave en áreas como el desarrollo de pruebas, el muestreo y los análisis estadísticos. Un compromiso débil puede reflejarse en un patrón de asignación de evaluaciones nacionales a diferentes organismos, una estrategia que contribuye poco, o nada, a desarrollar la experiencia técnica que resulta tan necesaria en las disciplinas relevantes. En más de un país, diferentes organismos han elaborado evaluaciones nacionales por separado, utilizando una gama de enfoques de escaso valor para la formulación de políticas educativas.

En algunos casos, el compromiso del Gobierno puede aumentar si una unidad del ministerio, respaldada por una partida del presupuesto destinado a educación, realiza la evaluación. En Chile, por ejemplo, el compromiso del Gobierno y su sensibilidad a los resultados del Sistema de Medición de la Calidad de la Educación (SIMCE) aumentó cuando la evaluación nacional se transfirió de una universidad al ministerio. La evaluación anual, la notificación oportuna de los resultados y la apreciación del valor que estos tienen para la formulación de políticas ayudaron a fortalecer la legitimidad del SIMCE, institucionalizar su trabajo y garantizar un mayor compromiso y respaldo del Gobierno a largo plazo. En otros países latinoamericanos, los institutos de evaluación, que son independientes del ministerio de educación, han conseguido desarrollar un historial de competencia y autonomía que les ha permitido realizar evaluaciones con una considerable flexibilidad y sistematicidad (Ferrer 2006).

La institucionalización por sí misma no es suficiente, aunque es probable que pudiera contribuir a asegurar que no se produzca una situación en la que los resultados de una evaluación nacional no lleguen al personal clave del Gobierno. También existe la necesidad de invertir esfuerzos para establecer procedimientos que comuniquen los resultados a las partes interesadas dentro y fuera del ministerio.

Aparte de los funcionarios gubernamentales, los resultados de las evaluaciones nacionales son relevantes para el trabajo de los encargados de diseñar los programas de estudios, las entidades examinadoras, los formadores de docentes y los docentes en su práctica diaria en las escuelas. Es necesario producir una serie de informes y adoptar diversas estrategias de divulgación para abordar las necesidades de información de esos destinatarios tan diversos. Las estrategias deben determinar a los usuarios potenciales (instituciones e individuos clave) y su nivel de experiencia técnica. Es preciso realizar un informe técnico (que ofrezca información suficiente para permitir una reproducción del estudio), pero los datos técnicos también deben ser traducidos a formas accesibles para usuarios no técnicos y que puedan presentarse en un informe resumido (por ejemplo, para el público) o en un informe más detallado para los responsables de la formulación de políticas. Ese informe puede indicar, por ejemplo, (a) si el sistema está prestando escasa atención a un grupo en particular, (b) si las lagunas o deficiencias justifican adoptar medidas correctivas, y (c) si pueden identificarse los factores asociados a un rendimiento superior.

En muchos países la formulación de políticas tiende a verse afectada por las prioridades políticas y por las apreciaciones de ministros y altos funcionarios. Con frecuencia se basa en experiencias personales e información anecdótica, así como también en presiones políticas. Muy raras veces cuenta con la información de los resultados de un análisis de datos válido y confiable sobre el funcionamiento del sistema educativo, como el que puede ofrecer una evaluación nacional debidamente diseñada e implementada.

Los responsables políticos deben liderar el compromiso de garantizar que la evidencia confiable y objetiva del funcionamiento del sistema educativo ofrecida por la evaluación nacional se utiliza para contribuir a mejorar la calidad general de la formulación de políticas. Y pueden hacerlo examinando y reflexionando sobre la relevancia de los resultados de las evaluaciones nacionales para la formulación de políticas en aspectos como la equidad regional y de género, el abastecimiento de materiales didácticos a los colegios, las cualificaciones de los docentes y la oferta de cursillos de formación para los docentes durante el servicio activo. Pueden reflexionar sobre si los cambios introducidos desde la última evaluación nacional parecen haber afectado el rendimiento estudiantil. Pueden animar y respaldar a los agentes que ofrecen formación docente (antes y durante el servicio activo) para que estudien los resultados obtenidos y ajusten las prácticas actuales allí donde la evidencia indica la necesidad de dicho ajuste. Los responsables políticos pueden también aconsejar a las autoridades que desarrollan los currículos sobre los cambios del contenido de los mismos cuando la evidencia indica claramente que el material es demasiado fácil para los alumnos o, lo que es más probable, demasiado difícil.

Una participación activa de los responsables políticos en el inicio del diseño general de la evaluación, y también cuando la evaluación ha finalizado, con el fin de discutir la importancia de los resultados, puede ser útil para asegurar que aprecian el valor de una evaluación nacional. Con el paso del tiempo, se podría esperar que los responsables políticos lleguen a considerar una evaluación nacional como un instrumento clave para la formulación de políticas.

En el apéndice A se describen brevemente las prácticas de evaluación nacional en nueve países. Las descripciones no son exhaustivas y los casos no se presentan como modelos perfectos de buena práctica. De hecho, muchos de ellos son defectuosos en lo que se refiere a los aspectos técnicos. No obstante, revelan interesantes semejanzas y diferencias de enfoque. Las semejanzas se reflejan en el hecho de que, en todos los países, se realizaron evaluaciones de lengua/lectoescritura y matemáticas/cálculo aritmético en uno o más niveles de enseñanza primaria. En todos los países, se hicieron evaluaciones basadas en muestras. En Chile y Uruguay también se realizaron evaluaciones en las que participó la población de las escuelas.

Las diferencias entre países se reflejan en la frecuencia de las evaluaciones, que varió de uno a cuatro años. El organismo encargado de implementar la evaluación también se modificó e incluyó al ministerio de educación, a un instituto de investigación apoyado por el Gobierno y a una comisión de exámenes nacional. El organismo a cargo de la implementación recibió un apoyo no nacional considerable en varios países. Y en al menos dos países (Chile y Sudáfrica) el organismo encargado de la implementación cambió entre las evaluaciones.

El rendimiento estudiantil se describió de diversas formas, desde indicar la media y la distribución del número de elementos que los estudiantes respondieron correctamente, hasta determinar el porcentaje de estudiantes cuyo rendimiento alcanzó los estándares "previstos" o el porcentaje de puntuación en niveles variables de "competencia". Los métodos de análisis también variaron considerablemente, acaso como reflejo de la capacidad técnica de los equipos de evaluación nacional. En algunos países (por ejemplo, en EE. UU. y Vietnam) se utilizaron enfoques analíticos sofisticados.

El uso de los resultados de las evaluaciones parece ser bastante diverso, aunque esta conclusión no es evidente porque en la mayoría de los países no hay una gran cantidad de información disponible sobre la medida en que se han divulgado los resultados, o en que estos han contribuido eficazmente a la formación de políticas. Además de exponer diferencias entre sexos, algunos países utilizaron los resultados de una evaluación nacional para apoyar las siguientes acciones:

- Ofrecer recomendaciones para las políticas en el sector educativo (Sri Lanka, Vietnam).
- Documentar las disparidades regionales en cuanto al rendimiento (Nepal, Sudáfrica, Sri Lanka).
- Diseñar un programa fundamental para docentes durante el servicio activo (Uruguay).
- Ofrecer financiación y otras formas de apoyo a escuelas con menor rendimiento académico (Chile).

- Poner en conocimiento de los docentes los puntos fuertes y débiles del rendimiento de los estudiantes (Uganda).
- Describir los cambios en el rendimiento de los alumnos de grupos minoritarios con el paso del tiempo (EE. UU.).
- Sugerir que se redujera el énfasis sobre el álgebra y la geometría en el currículo (Bután).

Las personas que participan en el diseño de una evaluación nacional podrían inclinarse por considerar un número de prácticas de alguna manera inusuales, que son características de las evaluaciones descritas en el apéndice A:

- Poner en marcha una campaña de concienciación pública antes de hacer la evaluación (Chile).
- Reunir información conjuntamente con los datos sobre el rendimiento de los estudiantes para observar en qué medida las instalaciones de la escuela mejoran con el paso del tiempo (Vietnam).
- Administrar una prueba de rendimiento a los docentes y también a los estudiantes (India, Vietnam).
- Trabajar en estrecha colaboración con los sindicatos del personal docente para realizar la evaluación (Uruguay).

En el apéndice B se incluyen descripciones de las características principales de tres estudios internacionales actuales a gran escala realizados en todo el mundo. Dichos estudios se centran en la lectura y la alfabetización, las matemáticas y la aritmética elemental, y las ciencias. Estas tres áreas de conocimientos y habilidades probablemente se considerarían "esenciales" en la educación de los estudiantes de todos los países. Los tres estudios también se ocupan de supervisar el rendimiento estudiantil con el paso del tiempo.

El nivel de competencia técnica en los estudios internacionales es muy alto, y los países pueden participar para mejorar sus conocimientos y habilidades. Como hemos visto, muchos países utilizan también los datos generados por una evaluación internacional para realizar análisis a nivel nacional, utilizando de hecho la evaluación internacional como una evaluación nacional. Este procedimiento podría enriquecerse si se recopilara información que reflejara la situación a nivel nacional además de la información requerida en el estudio internacional.

El diseño de los estudios internacionales es muy similar al de una evaluación nacional, aunque debe tenerse en cuenta el hecho de que la evaluación se realizará en un número de países. Por tanto, los instrumentos de la evaluación pueden no ser igualmente adecuados para todos ellos, o bien porque no representan correctamente el currículo escolar que varía de un país a otro, o porque no reflejan apropiadamente la diversidad de logros de los alumnos, que pueden variar enormemente entre los países. Se han adoptado dos enfoques para abordar el tema de la variación de los currículos escolares. En el Estudio Internacional de Tendencias en Matemáticas y Ciencias (TIMSS) (B.1 en el apéndice B), igual que en estudios anteriores realizados bajo los auspicios de la Asociación Internacional para la Evaluación del Rendimiento Educativo, las pruebas se desarrollan en un ejercicio para crear consenso entre los países participantes, donde los elementos comunes de sus currículos se incluyen en las pruebas. El enfoque del Programa para la Evaluación Internacional de Alumnos (PISA) (B.3 en el apéndice B) no ha sido basar los instrumentos de la evaluación en un análisis de los currículos, sino utilizar la opinión de los "expertos" para determinar los conocimientos y habilidades que deberían adquirir los alumnos de quince años hacia el final de la educación obligatoria si su propósito es participar plenamente en la sociedad.

El hecho de que el rendimiento estudiantil se asocia al desarrollo económico de los países significa que es improbable que las evaluaciones diseñadas para países industrializados (como por ejemplo, TIMSS y PISA) ofrezcan una descripción satisfactoria del rendimiento académico en un país en desarrollo. Se han creado estudios regionales para países menos industrializados con el fin de ocuparse de este tema, y en el apéndice C se describen tres de dichos estudios (dos en África y uno en Latinoamérica) que actúan como evaluaciones nacionales e internacionales.

APÉNDICE A  ESTUDIOS DE CASO DE PAÍSES

A.1. INDIA

Propósito. Se desarrolló una evaluación para ayudar al Gobierno de India a proporcionar datos iniciales sobre la calidad de la educación en cada uno de sus estados. Esta evaluación formó parte del programa gubernamental Sarva Shiksha Abhiyan (SSA), cuyo objetivo era lograr la matriculación universal de todos los alumnos correspondientes hasta el último nivel de educación primaria para el año 2010. Ya se habían desarrollado evaluaciones de rendimiento a gran escala en distritos escolares designados como parte del District Primary Education Project [Proyecto de Educación Primaria de Distritos] gubernamental (Prakash, Gautam y Bansal 2000). Los principales puntajes de matemáticas y lengua se compararon por distrito, área temática y nivel de grado. La evaluación concluyó que los estudiantes eran mejores en lengua y que el rendimiento promedio en la muestra de estudiantes mayores no era tan positivo como el de los alumnos de los grados inferiores. La mayoría de las diferencias dentro de los distritos entre niños y niñas en matemáticas y lengua no tuvieron importancia estadística. Además de esta evaluación a nivel de distrito, a principios de la década de 1990 se llevó a cabo una evaluación a gran escala en 22 estados (Shukla et al. 1994).

Frecuencia. Cada tres años.

Grados. La evaluación del 5.º grado fue realizada en 2001-2002. También se evaluaron el 3.º grado y el último grado de la educación primaria (que varía de estado a estado).

Rendimientos evaluados. Lengua y matemáticas.

¿Quién la realizó? El National Council of Research and Training [Consejo Nacional de Investigación y Formación] de Delhi, con el apoyo de los Institutos Distritales de Educación, quienes supervisaron la recopilación de datos.

Muestra o población. Muestra.

Análisis. Se informaron los puntajes del 5.º grado de cada estado en términos del porcentaje de ítems respondidos correctamente.

Uso de los resultados. Los resultados del 5.º grado mostraron una pequeña brecha entre los géneros y la distinción urbana o rural en los niveles de rendimiento. Los datos se usarán para monitorear los cambios en los niveles de los rendimientos educativos y para identificar los factores educativos y no educativos que podrían ayudar a explicar las diferencias en el rendimiento estudiantil.

Puntos interesantes. Una evaluación anterior a gran escala en 22 estados administró la misma prueba a docentes y estudiantes. En un estado se registraron promedios escolares muy bajos; solo 1 de cada 70 docentes que realizaron la prueba respondió los 40 ítems aritméticos correctamente. Entre los docentes, el 10 por ciento respondió correctamente menos de la mitad de los ítems (Shukla et al. 1994).

La evaluación nacional será usada para ayudar a monitorear el efecto de la iniciativa SSA. A diferencia de la mayoría de las demás evaluaciones nacionales, los puntajes se informan en términos de porcentaje general de ítems respondidos correctamente. Se espera que los estados con un rendimiento particularmente bajo reciban atención especial. Algunos estados con tradiciones educativas fuertes en términos de tasas de participación escolar (por ejemplo, Kerala y Himachal Pradesh) registraron puntajes promedio relativamente bajos en la evaluación del 5.º grado, mientras que algunos de los estados con tasas de participación relativamente bajas (por ejemplo, Bihar, Orissa y Bengala Occidental) obtuvieron puntajes más altos. Este resultado, que también se informó en la evaluación anterior de 22 estados, se explica porque en los últimos estados las muestras de estudiantes que realizaron la prueba tendieron a ser "sobrevivientes" del sistema educativo; muchos de los estudiantes con menos ventajas en términos de origen familiar y niveles de competencia abandonaron la escuela antes de iniciar el 5.º grado.

Fuente: India, National Council of Educational Research and Training [Consejo Nacional de Investigación y Formación], Departamento de Medición y Evaluación Educativa 2003.

A.2. VIETNAM

Propósito. Medir la calidad de la educación con un enfoque particular en el rendimiento en el nivel de educación primaria.

Frecuencia. Entre 1998 y 2000 se habían realizado evaluaciones anteriores a pequeña escala de 3.º y 5.º grado, pero no eran adecuadas para proporcionar información de referencia para el monitoreo de las tendencias en el tiempo.

Grado. 5.º

Rendimientos evaluados. Comprensión lectora en vietnamita y matemáticas en 2001.

Instrumentos. Pruebas de rendimiento: cuestionarios para estudiantes, docentes y escuelas.

¿Quién la realizó? El Ministerio de Educación y Formación con el respaldo de otras agencias nacionales y un equipo internacional con el respaldo del Banco Mundial y el Departamento de Desarrollo Internacional del Reino Unido.

Muestra o población. Se diseñó una muestra representativa de la población nacional y las poblaciones de cada una de las 61 provincias.

Análisis. El análisis incluyó tabulaciones cruzadas de datos de rendimiento y datos escolares por región, correlaciones de rendimientos, análisis de factores, modelaje de respuesta a ítems sobre los datos de los ítems de la prueba y modelaje lineal jerárquico para la identificación de factores asociados con el rendimiento.

Uso de los resultados. Los funcionarios gubernamentales realizaron 40 recomendaciones sobre políticas que se basaron en los resultados generales.

Puntos interesantes. Las pruebas incluyeron ítems del estudio de 1991 sobre comprensión lectora de la Asociación Internacional para la Evaluación del Rendimiento Académico (Elley 1992, 1994) que se usaron para comparar resultados con otros países. Se administraron las mismas pruebas a docentes y alumnos; el 12 por ciento de los alumnos obtuvo un puntaje mayor al del 30 por ciento de los docentes. Menos del 3 por ciento de las escuelas contaba con los recursos escolares obligatorios (por ejemplo, biblioteca o agua corriente). Más del 80 por ciento de los alumnos se encontraba en salas con recursos mínimos (pizarrón, tizas, etc.), mientras el 10 por ciento era enseñado por docentes que no habían completado la escuela secundaria.

Se establecieron seis niveles de competencia según el rendimiento escolar en la prueba de comprensión lectora:

- ***Nivel 1.*** Relaciona texto por palabra u oración con la ayuda de imágenes. Se limita a un conjunto de palabras vinculado a imágenes.
- ***Nivel 2.*** Ubica el texto expresado en oraciones cortas y repetitivas, y puede trabajar con textos sin ayuda de imágenes. El texto se limita a oraciones y frases cortas con patrones repetitivos.
- ***Nivel 3.*** Lee y entiende pasajes más largos. Puede avanzar o retroceder en el texto en busca de información. Comprende la paráfrasis. La expansión del vocabulario permite el entendimiento de oraciones con estructuras de cierta complejidad.
- ***Nivel 4.*** Vincula información de diferentes partes del texto. Selecciona y conecta textos para obtener e inferir posibles significados.
- ***Nivel 5.*** Vincula inferencias e identifica la intención de un autor mediante la información establecida de diferentes maneras, en diferentes tipos de textos y en documentos donde la información no es explícita.
- ***Nivel 6.*** Combina el texto con el conocimiento exterior para inferir significados varios, entre ellos significados ocultos. Señala propósitos, actitudes, valores, creencias, motivos, suposiciones no declaradas y argumentos de un autor.

Se observaron variaciones considerables en el nivel de desempeño de los alumnos tanto en la prueba de comprensión lectora como en la de matemáticas. Por ejemplo, muchísimos menos estudiantes alcanzaron los dos niveles más altos de comprensión lectora en Ha Giang y Tien que en Da Nang (tabla A.2.1). Se examinó la relación entre las características de los docentes y los puntajes de los alumnos una vez tenido en cuenta el origen familiar (tabla A.2.2).

Fuente: Banco Mundial 2004.

TABLA A.2.1
Porcentajes y errores estándares de alumnos en diferentes niveles de competencia en comprensión lectora

Provincia	Indicador de unidad	Nivel 1	Nivel 2	Nivel 3	Nivel 4	Nivel 5	Nivel 6
Ha Giang	Porcentaje	7,5	22,1	27,4	18,7	18,5	5,7
	EE	1,66	3,23	3,06	2,97	3,07	2,09
Tien Giang	Porcentaje	2,8	13,4	28,8	20,2	22,4	12,5
	EE	0,7	2,0	2,49	1,8	2,46	2,78
Da Nang	Porcentaje	0,8	5,7	15,4	21,3	32,9	24,1
	EE	0,34	0,88	1,79	1,89	1,98	3,23
Vietnam	Porcentaje	4,6	14,4	23,1	20,2	24,5	13,1
	EE	0,17	0,28	0,34	0,27	0,39	0,41

Fuente: Banco Mundial 2004, vol. 2, Tabla 2.3.
Nota: EE = Error estándar.

TABLA A.2.2
Relación entre variables docentes seleccionadas y el rendimiento en matemáticas

Variable docente	Correlación simple	Correlación parcial, después de tener en cuenta el origen familiar del alumno
Sexo del docente[a]	0,17	0,14
Formación académica	0,08	0,04
Conocimiento de matemáticas	0,29	0,25
Clasificado como "docente excelente"	0,18	0,13
Recursos del salón de clase	0,24	0,15
Cantidad de horas de preparación y realización	0,00	0,01
Frecuencia de reuniones con los padres	0,05	0,04
Cantidad de visitas de inspección	0,13	0,11

Fuente: Banco Mundial 2004, vol. 2, Tabla 4.38.
Nota: las correlaciones mayores a 0,02 tienen importancia estadística.
a. Los alumnos enseñados por docentes mujeres obtuvieron mayores puntajes.

A.3. URUGUAY

Propósito. La evaluación nacional tuvo como objetivo determinar (a) la medida en la que los graduados escolares habían desarrollado una "comprensión fundamental" en lengua y matemáticas, y (b) los factores socioculturales que podrían haber incidido en el rendimiento estudiantil. La evaluación enfatizó el desarrollo profesional, que incluyó el diagnóstico de problemas de aprendizaje, el acceso docente a la información sobre el rendimiento estudiantil y la asistencia a los docentes para la mejora de la enseñanza y las evaluaciones. La evaluación también tuvo como objetivo utilizar los datos de las pruebas y los cuestionarios para mejorar las condiciones escolares.

Frecuencia y grados. 6.° grado (cada tres años) en 1996, 1999, 2002 y 2005. Además, en 2001 se evaluaron 1.°, 2.° y 3.° grado para determinar el desarrollo docente. En 1999 se evaluó 9.° grado y en 2003 12.° grado. Desde 2003, se evalúa a los niños de 15 años como parte del Programa para la Evaluación Internacional de Alumnos (PISA).

Rendimientos evaluados. Matemáticas (resolución de problemas) y comprensión lectora en 6.° grado; matemáticas, lengua y ciencias sociales y naturales en 9.° y 12.° grado.

Instrumentos. Pruebas de rendimiento: cuestionarios para padres, estudiantes y directores.

¿Quién la realizó? En un principio, la Unidad de Medición de Resultados Educativos (UMRE), una unidad creada como parte de un proyecto financiado por el Banco Mundial, fue la responsable de la evaluación nacional de 6.° grado, mientras que el Programa de Modernización de la Educación Secundaria y Formación Docente (MESyFOD), un proyecto financiado por el Banco Interamericano, fue el responsable de la evaluación nacional a nivel secundario. Desde 2001, las actividades de evaluación han sido unificadas e institucionalizadas bajo la Gerencia de Investigación y Evaluación, parte de la Administración Nacional de la Educación Pública. La financiación fue recibida de agencias donantes internacionales.

Muestra o población. Población y muestra de estudiantes de 6.° grado, con la exclusión de escuelas rurales muy pequeñas;

población de estudiantes de 9.º grado; muestra de 1.º, 2.º, 3.º y 12.º grado; muestra para evaluaciones PISA.

Análisis. UMRE utilizó un 60 por ciento correcto como índice de idoneidad del rendimiento estudiantil. Los puntajes individuales de las escuelas fueron comparados con el promedio nacional, con el promedio departamental o regional, y con las escuelas con estudiantes provenientes de orígenes socioeconómicos similares. Los datos de la prueba de rendimiento se relacionaron con los factores de origen.

Uso de los resultados. Los resultados fueron utilizados principalmente por docentes, directores e inspectores escolares. El Gobierno utilizó los resultados para identificar las escuelas que requerían un apoyo especial y para programas a gran escala de formación práctica para docentes. Los resultados a nivel nacional se divulgaron ampliamente. Cuarenta días después de las pruebas y antes de la finalización del año escolar, las escuelas participantes recibieron un informe confidencial con resultados escolares agregados presentados ítem por ítem. Los informes no incluyeron los resultados individuales de los alumnos ni los resultados desglosados por salón de clase. UMRE (a) produjo guías de enseñanza para ayudar a abordar las debilidades percibidas en lengua y matemáticas, y organizó programas de capacitación para docentes en actividades para las escuelas en áreas desfavorecidas, (b) preparó informes para el personal de supervisión, y (c) realizó talleres para inspectores a partir de los resultados de las pruebas. Las pruebas estuvieron disponibles para las escuelas que no participaron en ellas. Cada escuela recibió un informe de promedios nacionales de cada competencia evaluada. A las escuelas no evaluadas se les enviaron normas con fines comparativos. Cerca del 80 por ciento de dichas escuelas realizaron las pruebas y compararon sus resultados con las normas nacionales provistas. Los inspectores realizaron sus propios talleres como medio para entender los resultados, para apreciar el efecto de la privación social sobre los resultados de aprendizaje estudiantil y para sugerir cursos de acción para mejorar la calidad educativa.

Puntos interesantes. En un principio, el sindicato de docentes se opuso firmemente a la evaluación nacional. En particular, se oponían a la publicación de los resultados individuales de las escuelas. Finalmente, el sindicato accedió y acordó con el Gobierno que no se publicaran los resultados de escuelas o docentes individuales, pero sí que los resultados fueran utilizados para propósitos de diagnóstico. Solo se publicarían los datos agregados. Además, el Gobierno invitó a los docentes a participar en (a) los grupos que planificaron la evaluación y (b) otros grupos asesores. Los docentes participaron activamente en el desarrollo de las pruebas. Actualmente se presenta muy poca oposición a la evaluación formal de este tipo en el nivel primario. Se acepta de forma generalizada que los docentes o las escuelas no serán penalizados por los bajos resultados. El sindicato de docentes de nivel secundario no ha sido muy solidario en lo referente a la evaluación y ha adoptado una actitud de espera. La aceptación de los docentes a la iniciativa UMRE y sus resultados se atribuye a la confidencialidad de los resultados, la generación rápida de informes, la contextualización de las pruebas por origen sociocultural y el reconocimiento de que los resultados estudiantiles dependen de una combinación de factores (entre ellos el hogar, la escuela, la comunidad y las variables docentes).

A pesar de que los gobiernos de algunos países buscan maneras de responsabilizar a las escuelas y a los docentes de los resultados estudiantiles, Uruguay asume un enfoque distinto. El Estado asume la responsabilidad de promocionar un entorno facilitador que ayude a lograr equidad dentro del sistema educativo.

Fuentes: Benveniste 2000; Ravela 2005.

A.4. SUDÁFRICA

Propósito. Sudáfrica ha realizado una serie de evaluaciones nacionales de 3.°, 6.° y 9.° grado. También participó en tres estudios internacionales (a) para proporcionar datos de referencia para monitorear el progreso futuro, y (b) para permitir poder comparar su plan de estudios y su rendimiento en matemáticas y ciencias con los de los países industrializados. Cada estudio internacional puede considerarse una evaluación nacional del rendimiento académico. La participación en la evaluación internacional proporcionó una oportunidad para el desarrollo de las capacidades.

Sudáfrica fue el único país africano que participó en el Estudio Internacional de Tendencias en Matemáticas y Ciencias (TIMSS) en 1995; en 1999 participó junto a Marruecos y Túnez, y en 2003 junto a dichos países y Botsuana, Ghana y Egipto. Sudáfrica también participó en la evaluación de 6.º grado del Consorcio del África Austral y Oriental para el Monitoreo de la Calidad de la Educación que se realizó en el año 2000 y en la evaluación de Monitoreo del Rendimiento Académico de 4.º grado, que comenzó en el año 1992.

Frecuencia. TIMSS 1995, 1999 y 2003.

Grado. 8.º

Instrumentos. Pruebas de rendimiento: cuestionarios para estudiantes, docentes y directores.

Rendimientos evaluados. Matemáticas y ciencias.

¿Quién la realizó? El Consejo de Investigación de Ciencias Humanas en 1995 y 1999, y la Universidad de Pretoria en 2003.

Muestra o población. Muestra. Se tomó una muestra de una clase completa de 8.º grado de cada escuela seleccionada.

Análisis. El estudio comparó el rendimiento estudiantil en matemáticas y ciencias con el de otros países en términos de rendimiento promedio y rendimiento en el 5.º, 25.º, 50.º, 75.º y 95.º percentil. También comparó a Sudáfrica con otros países participantes en términos de contextos personales y actitudes de los estudiantes, currículos de las asignaturas, características docentes, características del salón de clase y contextos escolares para el aprendizaje y la enseñanza. Incluyó una comparación de los puntajes promedio en el tiempo.

Uso de los resultados. Los resultados de TIMMS han sido utilizados en los debates parlamentarios.

Puntos interesantes. Sudáfrica tiene 11 idiomas oficiales. Algunas palabras debieron ser traducidas al inglés sudafricano y se debieron modificar algunos contextos. Se dedicó una cantidad considerable de tiempo a resolver problemas de logística atribuibles a las deficiencias de servicios, tales como el correo y el teléfono, que en otros lugares se dan por hecho. El equipo de investigación nacional tuvo dificultades para cumplir con las fechas límite impuestas por TIMMS. El esfuerzo de muestreo inicial descubrió aproximadamente 4000 escuelas que no se encontraban en la base de datos nacional. La transferencia de las capacidades relacionadas con la evaluación entre los equipos que realizaron las tres evaluaciones TIMMS ha sido limitada. Solo uno de los miembros del primer equipo de la evaluación TIMMS participó en la evaluación de 2003. La mayoría de los estudiantes realizaron la prueba escrita en un idioma que no era su lengua materna.

El segundo estudio TIMMS fue utilizado para un estudio nacional detallado (Howie 2002). Las conclusiones incluyeron lo siguiente:

- Las estadísticas oficiales del número de alumnos eran diferentes (mucho mayores) a aquellas encontradas en la muestra nacional representativa de las escuelas participantes, lo cual sugiere un informe impreciso de los datos de matriculación escolar.
- Algunos estudiantes temían que su rendimiento en las pruebas influyera en sus resultados escolares oficiales. Algunos temían solicitar ayuda. Muchos tuvieron problemas con las preguntas abiertas. La tardanza, el absentismo y las trampas durante la administración de las pruebas generaron problemas adicionales.
- Muchos estudiantes tuvieron problemas para completar las pruebas y los cuestionarios debido a dificultades lingüísticas. A muchos docentes les faltaba fluidez en el idioma para comunicarse de manera eficaz con los alumnos.
- Los docentes dedicaron mucho tiempo a la enseñanza del material que debería haber sido cubierto en los grados anteriores.
- Cerca de un cuarto de los docentes de estudiantes de 8.º grado no estaban calificados para enseñar matemáticas y no tenían formación postsecundaria.
- Los alumnos cuya lengua materna era el inglés o afrikáans obtuvieron un resultado mucho mejor que los alumnos que hablaban otro idioma africano en el hogar.
- Menos del 0,5 por ciento de los estudiantes obtuvieron el nivel de rendimiento más alto en matemáticas, en comparación con el 10 por ciento de la muestra internacional. El resultado promedio

(381) del puntaje mayor de las nueve provincias (Provincia Occidental del Cabo) fue mucho menor que el puntaje promedio internacional de TIMMS (487).
- Ni la escuela ni el tamaño de la clase fueron indicadores significativos del rendimiento en matemáticas.

Las evaluaciones nacionales de 3.°, 6.° y 9.° grado solicitadas por el Departamento de Educación se realizaron para obtener datos de referencia para evaluaciones futuras y para sugerir iniciativas de políticas. Cada una de las evaluaciones usó datos de cuestionarios, como también de rendimiento, para proporcionar una base para la evaluación de los esfuerzos a largo plazo para mejorar el acceso, la calidad, la eficiencia y la equidad. Las comparaciones provinciales produjeron evidencia de fuertes diferencias regionales en el rendimiento. Se consideró que los niveles generales de rendimiento fueron bajos. Por ejemplo, en la evaluación de 6.° grado se registraron puntajes medios de porcentaje correcto tan bajos como el 38 por ciento en lengua, 27 por ciento en matemáticas y 41 por ciento en ciencias naturales. Se prepararon informes separados de 6.° grado para cada provincia, así como también un informe nacional.

Fuentes: Howie 2000, 2002; Kanjee 2006; Reddy 2005, 2006.

A.5. SRI LANKA

Propósito. Evaluar los rendimientos de los alumnos que habían completado el 4.° grado en 2003.

Frecuencia. Se habían realizado evaluaciones previas de 3.° grado (1996) y 5.° grado (1994, 1999). Se habían realizado otras evaluaciones de 4.° grado (2007), 8.° y 10.° grado (2005).

Grado. 4.°

Rendimientos evaluados. Lengua materna (sinhala o tamil), matemáticas e inglés.

Instrumentos. Prueba de rendimiento; cuestionarios administrados a directores de escuela, subdirectores, docentes y padres (consulte la tabla A.5.1).

TABLA A.5.1
Antecedentes y fuente en la evaluación nacional de Sri Lanka

Tipo de información	Cuestionario	Secciones	Cantidad de preguntas
Antecedente escolar	Director	• Antecedentes generales • Perfil docente • Instalaciones escolares • Estado financiero • Opiniones	37
	Subdirector	• Antecedentes generales • Instalaciones escolares • Procedimientos de enseñanza-aprendizaje-evaluación • Opiniones	13
	Maestro	• Antecedentes generales • Información académica y profesional • Detalles del salón de clase • Opiniones	41
Hogar	Padres	• Antecedentes generales • Instalaciones familiares • Condición socioeconómica • Apoyo al aprendizaje • Opiniones	51
	Estudiantes	• Antecedentes generales • Educación preescolar • Actividades postescolares • Opiniones	26

Fuente: Perera et al. 2004, Tabla 3.7.

¿Quién la realizó? El National Education Research and Evaluation Centre [Centro Nacional de Investigación y Evaluación Educativa], ubicado en la Facultad de Educación, Universidad de Colombo.

Muestra o población. Muestra diseñada para ser representativa de la población nacional de estudiantes de 4.º grado y de poblaciones de 4.º grado en cada una de las nueve provincias.

Análisis. Comparaciones de puntajes de rendimiento por tipo de escuela, ubicación, género y nivel de capacitación docente. Las provincias y los distritos se ordenaron por clasificación en cada área temática. Se usó un análisis de ruta para analizar la relación entre la escuela, el origen familiar y los factores estudiantiles, por un lado, y el rendimiento estudiantil, por el otro.

TABLA A.5.2
Porcentaje de estudiantes que logran el dominio de la lengua materna por provincia

Grupo	Orden	Provincia	Porcentaje que logra el dominio	Porcentaje objetivo
Más del 50 %	1	Oeste	53,5	80,0
26-50 %	2	Sur	42,6	80,0
	3	Noroeste	42,2	80,0
	4	Sabaragamuwa	40,2	80,0
	5	Central del Norte	35,6	80,0
	6	Uva	33,9	80,0
	7	Central	33,8	80,0
	8	Este	23,7	80,0
1-25 %	9	Norte	22,7	80,0

Fuente: Perera et al. 2004, Tabla 4.14.

Uso de los resultados. Los resultados se usaron para analizar el sector educativo, con el fin de ayudar a desarrollar una nueva estrategia gubernamental y de financiamiento para la educación; actualmente se utilizan para establecer valores de referencia para determinar los niveles de rendimiento estudiantil en cada una de las provincias.

Puntos interesantes. El equipo de la evaluación nacional de Sri Lanka seleccionó un puntaje del 80 por ciento como punto de corte para determinar el "dominio".[1] Se dio a conocer los porcentajes de estudiantes que "dominaban" cada una de las tres áreas evaluadas. Los resultados sugieren que el estándar esperado se estableció en un nivel alto y poco realista. Mientras que a partir de puntajes promedio, el informe de la evaluación llegó a la conclusión de que el desempeño en la lengua materna "parece ser de un nivel satisfactorio" (Perera et al. 2004, 47), cuando se evalúa el desempeño en función del nivel de dominio surge una imagen diferente. Menos del 40 por ciento de los estudiantes logró el dominio en la lengua materna y en matemáticas, y menos del 10 por ciento lo logró en inglés. Los resultados muestran una gran desigualdad en el rendimiento entre provincias y distritos (tabla A.5.2). Se identificaron subgrupos con niveles de rendimiento

[1] Esta determinación aparentemente se basaba en un punto de corte utilizado por la Organización de las Naciones Unidas para la Educación, la Ciencia y la Cultura en estudios anteriores de monitoreo de los resultados del aprendizaje (UNESCO 1990).

bajos. Se publicaron informes independientes para cada una de las nueve provincias del país.

Fuente: Perera et al. 2004.

A.6. NEPAL

Propósito. La evaluación nacional de 2001 se llevó a cabo para determinar la medida en que el rendimiento de los estudiantes había cambiado durante un período de cuatro años, en una época de importantes cambios en las políticas.

Frecuencia. En 1997 se obtuvieron datos de referencia sobre estudiantes de 3.° grado. (En 1999 se evaluó el 5.° grado).

Grado. 3.°

Rendimientos evaluados. Matemáticas, nepalés y estudios sociales.

Instrumentos. Se realizaron pruebas de rendimiento de matemáticas, nepalés y estudios sociales a toda la muestra de estudiantes. Se administraron cuestionarios sobre las tres áreas objetivo a directores y docentes de cada escuela de la muestra. Se entrevistó al veinticinco por ciento de los estudiantes y a sus padres.

¿Quién la realizó? El Centro de Servicios para la Educación y el Desarrollo.

Muestra o población. Una muestra de 171 escuelas.

Análisis. Los puntajes de las pruebas por encima del 75 por ciento de respuestas correctas ameritaron una calificación de desempeño "satisfactorio". Otros análisis incluyeron estudios de confiabilidad de cada prueba y comparaciones de los puntajes promedio para 1997 y 2001. Se utilizó un análisis de la varianza para comparar los puntajes promedio de los estudiantes en las regiones y se utilizó un análisis de regresión múltiple para identificar factores relativos al desempeño de los estudiantes.

Uso de los resultados. Los resultados se usaron para monitorear los cambios en el rendimiento de 1997 a 2001 y, en especial, para evaluar el efecto de los cambios de políticas, entre ellos aumento presupuestario, nuevos planes de estudios, nuevos libros de texto y materiales de enseñanza, y nuevos centros docentes y de formación docente. Se identificaron regiones de desempeño más alto. En 2001, las diferencias entre los puntajes promedio de niños y niñas fueron importantes solo en el caso de matemáticas; los niños registraron puntajes promedio más altos. Los puntajes promedio generales para estudios sociales fueron mucho más altos en 2001 que en 1997.

Puntos interesantes. Los datos ayudaron a determinar áreas del currículo donde los estudiantes parecían haber tenido dificultades. En matemáticas, en general, los estudiantes pudieron describir palabras en números y números en palabras, medir tiempo y peso, sumar números en palabras hasta cuatro dígitos y sumar números decimales. Tendieron a no poder resolver problemas de palabras que implicaban cualquiera de las cuatro operaciones básicas (suma, resta, multiplicación y división). En nepalés, el estudiante promedio tendió a ser capaz de leer una historia sencilla y de utilizar vocabulario, pero no pudo leer y contestar correctamente preguntas basadas en pasajes o preguntas que describían una historia pictórica.

Los resultados de la evaluación muestran que muchas de las reformas parecen haber tenido poco efecto. Más del 60 por ciento de los docentes indicaron que sus clases nunca fueron supervisadas. Tendieron a recibir relativamente poco apoyo en la práctica docente. Cerca de un tercio no estaba capacitado. La instrucción en el aula se consideró ineficaz.

El informe concluyó que, a pesar de que se llevaron a cabo varias reformas, quizás era demasiado pronto para esperar mejoras en el rendimiento de los estudiantes. El informe de evaluación nacional también resaltó la calidad relativamente mala del apoyo del hogar a la educación. Más de un cuarto de las madres se clasificaron como analfabetas, mientras que menos del 7 por ciento había completado su educación hasta 5.º grado.

Fuente: Khaniya y Williams 2004.

A.7. CHILE

Propósito. El Sistema de Medición de la Calidad de la Educación (SIMCE) de Chile se diseñó originariamente para ayudar a los padres en la selección de la escuela. Actualmente busca (a) proporcionar retroalimentación sobre la medida en que los estudiantes están logrando los objetivos de aprendizaje considerados mínimos por el Ministerio de Educación; (b) proporcionar retroinformación a padres, docentes y autoridades a nivel municipal, regional y central; y (c) proporcionar datos para los legisladores con el fin de orientar la asignación de recursos para el desarrollo de libros de texto y planes de estudios, y la capacitación de los docentes en actividad, especialmente en las áreas más necesitadas. El objetivo es mejorar el sistema educativo al implementar procedimientos que enfaticen la evaluación, la información y los incentivos. También sirve para recalcar el compromiso del Ministerio de Educación de mejorar tanto la calidad como la equidad dentro del sistema educativo.

Chile además lleva a cabo un sistema de evaluación independiente pero relacionado como base para premiar la excelencia según el SNED (Sistema Nacional de Evaluación del Desempeño de los Establecimientos Educacionales Subvencionados) al proporcionar incentivos a docentes y escuelas para aumentar los niveles de rendimiento de los estudiantes.

Frecuencia. Anual.

Grados. 4.° y 8.°

Rendimientos evaluados. Español (lectoescritura), matemáticas, ciencias naturales y ciencias sociales.

Instrumentos. Alumnos que completen las pruebas de rendimiento, autoconcepto y percepción. Cuestionarios que completaron directores, docentes y padres (solo un año).

¿Quién la realizó? Realizado por primera vez en 1978 por un organismo externo, la Pontificia Universidad Católica de Chile; actualmente la evaluación SIMCE la realiza el Ministerio de Educación.

Muestra o población. Se evalúa a todos (prácticamente todos) los estudiantes de los grados de importancia en español y matemáticas. Las pruebas de ciencias naturales, historia y geografía se administran al 10 por ciento de los estudiantes. Se excluyen unas pocas escuelas en lugares inaccesibles.

Análisis. Las escuelas reciben una clasificación en comparación con otras escuelas de la misma categoría socioeconómica, así como una clasificación nacional. El SIMCE identificó 900 escuelas que puntuaron por debajo del 10 por ciento en las pruebas de matemáticas y lengua dentro de su región provincial, a las que se proporcionan recursos especiales (programa P-900).

Uso de los resultados. Los resultados del SIMCE se utilizan en gran parte en el análisis de las políticas. El SIMCE informa resultados del aula que contienen el porcentaje promedio de respuestas correctas para cada objetivo evaluado, así como el promedio de respuestas correctas sobre la prueba completa. Al comienzo del año escolar, el SIMCE informa los resultados nacionales y por escuela, ubicación y región. Los manuales SIMCE explican los resultados y cómo docentes y escuelas pueden utilizarlos para optimizar el rendimiento de los estudiantes. Las escuelas del programa P-900 reciben apoyo en forma de mejoras de infraestructura, libros de texto y bibliotecas para el aula, material educativo y talleres de capacitación en actividad basados en las escuelas. Las escuelas son eliminadas del programa P-900 cuando sus puntajes SIMCE exceden el punto de corte del 10 por ciento.

El programa SNED utiliza los puntajes SIMCE junto con otras cuatro mediciones de calidad de las escuelas. Los docentes de las escuelas de mejor desempeño dentro de una región reciben un premio en efectivo equivalente a un mes de salario. En un esfuerzo por garantizar la equidad, el Ministerio selecciona escuelas que atienden a grupos socioeconómicos similares y que se clasifican en cuanto a su ubicación urbana o rural y nivel primario o secundario. Aunque para el cálculo del índice se toman en cuenta una variedad de factores, el rendimiento de las escuelas da cuenta de casi dos tercios del puntaje índice (tabla A.7.1). El sistema de ponderación se modifica periódicamente para reflejar las prioridades políticas.

Puntos interesantes. El SIMCE realiza una campaña intensiva de relaciones públicas que incluye folletos para los padres y para las escuelas, carteles para las escuelas, videos para talleres, programas de televisión y comunicados de prensa. Los informes se distribuyen a los directores, líderes municipales, supervisores escolares y funcionarios

TABLA A.7.1
Índice de premios al mérito para las escuelas en Chile, 1998-1999

Factor	Porcentaje
Eficacia (puntajes SIMCE en matemáticas y ciencias)	37
Valor agregado (aumento SIMCE promedio del puntaje)	28
Iniciativa	6
Mejoras de las condiciones de trabajo	2
Igualdad de oportunidades	22
Cooperación docentes-padres	5

Fuente: Delannoy 2000, Tabla 1.5.

del Ministerio. Los padres también reciben un informe individualizado para su escuela. Los periódicos publican los resultados escuela por escuela. Debido a que los municipios reciben financiación del gobierno central por estudiante, tienen un interés directo en el resultado. Los buenos resultados del SIMCE tienden a atraer a más estudiantes y, por ende, más ingresos.

Las escuelas que tienen un gran número de absentismo el día de la prueba no reciben los resultados. Algunas escuelas sobrestiman el grado de pobreza del cuerpo estudiantil con el fin de aumentar sus posibilidades de cumplir con los requisitos para obtener ayuda según el programa P-900. Los docentes tienden a preocuparse más por la clasificación de su escuela en comparación con escuelas similares que por la oportunidad de utilizar los resultados para promover el diálogo dentro de la escuela y ayudar a diagnosticar las áreas donde los estudiantes parecen tener dificultades de aprendizaje. Algunos docentes han sido críticos con la naturaleza excesivamente técnica de los informes escolares. El SIMCE dedica relativamente poca atención a los datos obtenidos en los cuestionarios de estudiantes, padres y docentes. Las actitudes hacia el aprendizaje y los valores de los estudiantes resultaron difíciles de medir a nivel técnico. El programa SNED considera que los incentivos financieros inspirarán a los docentes a hacer mayores esfuerzos para mejorar el aprendizaje estudiantil.

Fuentes: Arregui y McLauchlan 2005; Benveniste 2000; Himmel 1996, 1997; McMeekin 2000; Olivares 1996; Wolff 1998.

A.8. ESTADOS UNIDOS

Propósito. La Evaluación Nacional del Progreso Educativo (NAEP), que se inició en 1969, mide el rendimiento educativo de los estudiantes y monitorea los cambios en el rendimiento a edades y grados especificados. La NAEP, a menudo denominada "Boletín de Calificaciones de la Nación", examina también los rendimientos de subpoblaciones definidas según características demográficas y por experiencias de origen específico. En la mayoría de los estados, la muestra en la NAEP es suficientemente grande como para permitir inferencias sobre el rendimiento en los estados individuales.

Frecuencia. Al menos una vez cada dos años se llevan a cabo evaluaciones en matemáticas y comprensión lectora, y—con menos frecuencia—en otras áreas del plan de estudios.

Grados. 4.°, 8.° y 12.° Las evaluaciones a nivel estatal independientes que utilizan pruebas de la NAEP se limitan al 4.° y 8.° grado.

Rendimientos evaluados. Matemáticas, comprensión lectora, ciencias, escritura, arte, educación cívica, economía, geografía e historia de los Estados Unidos. Nuevas áreas específicas que evaluar: lengua extranjera e historia mundial.

Instrumentos. Pruebas de rendimiento en comprensión lectora, matemáticas, ciencias, escritura, historia de los Estados Unidos, educación cívica, economía, geografía y arte. Un cuestionario para el estudiante (voluntario) que al final del cuadernillo de prueba recopila la información sobre las características demográficas de los estudiantes, las experiencias en el aula y el apoyo educativo. Un cuestionario docente que se centra en los antecedentes docentes, en su formación y en las prácticas de enseñanza. Un cuestionario escolar que busca información sobre las políticas y características escolares. Los datos contextuales sobre los estudiantes con discapacidad o estudiantes de idioma inglés son proporcionados por el docente.

¿Quién la realizó? El Consejo Directivo de Evaluaciones Nacionales, nombrado por el secretario de Educación, es el responsable general de la NAEP. El Consejo consta de gobernadores, legisladores estatales,

funcionarios escolares locales y estatales, educadores, representantes empresariales y miembros del público en general. Se han contratado diversos organismos para llevar a cabo diferentes aspectos de la NAEP. Durante el período 2003-2006, organismos independientes han sido responsables de cada una de las siguientes actividades: desarrollo de los ítems, análisis, toma de muestras y recopilación de datos, distribución y puntuación, y mantenimiento del sitio web.

Muestra o población. Muestras de estudiantes de 4.° y 8.° grado a nivel estatal (solo en escuelas públicas) y de estudiantes de 12.° grado a nivel nacional. El tamaño de la muestra para cada prueba de la NAEP es de aproximadamente 2500 estudiantes en cada estado. Un estudio independiente de tendencia a largo plazo informa resultados a nivel nacional en matemáticas y comprensión lectora para muestras de 9, 13 y 17 años tomadas de escuelas privadas y públicas.

Análisis. Cada estudiante toma solo una porción del número total de ítems de la prueba sobre un área temática determinada. Los datos permiten realizar comparaciones grupales (por ejemplo, estudiantes masculinos y femeninos en un estado particular). El modelaje de respuesta al ítem se usa para estimar las características de medición de cada pregunta de la evaluación y crear una escala única que represente el rendimiento. Se aplican ponderaciones de muestreo para reflejar las características de la población. Se construyen escalas que permiten comparar las evaluaciones realizadas en diferentes años para las poblaciones comunes en evaluaciones relacionadas. Se aplican medidas de control de calidad en cada etapa analítica. Se informaron porcentajes de alumnos en cada uno de los tres niveles de competencia: "básico" (dominio parcial de conocimientos requeridos previamente), "competente" (dominio competente del tema) y "avanzado" (rendimiento de nivel superior).

Uso de los resultados. Los resultados se divulgan ampliamente. Portavoces políticos y otras personas han utilizado los resultados de la NAEP para respaldar mensajes positivos y negativos sobre la calidad del sistema escolar de los Estados Unidos.

Puntos interesantes. La NAEP monitorea las tendencias en el desempeño de los subgrupos. Se presta especial atención a la tasa de progreso de los grupos minoritarios, especialmente a los aumentos en el puntaje de comprensión lectora desde 1971. En general, los puntajes en matemáticas y comprensión lectora aumentaron entre los estudiantes de cuarto grado y se redujo la brecha racial en el rendimiento. Por lo general, se registraron tasas de crecimiento estables en el rendimiento en comprensión lectora durante un período en el que se duplicó la cantidad de estudiantes hispanos (que tradicionalmente han tenido dificultades para dominar la comprensión lectora en inglés). La naturaleza cambiante de la población estudiantil dificulta establecer si los esfuerzos por mejorar la pedagogía y los planes de estudios están teniendo efecto alguno.

Fuentes: Johnson 1992; Centro Nacional de Estadísticas de Educación de los Estados Unidos 2005, 2006.

A.9. UGANDA

Propósito. La Evaluación Nacional del Progreso Educativo (NAEP), que se realizó en el segundo semestre escolar de julio de 2005, fue una de varias evaluaciones nacionales en Uganda. Los objetivos específicos de la evaluación fueron los siguientes:

- Determinar el nivel de rendimiento de los estudiantes en inglés y cálculo aritmético.
- Examinar las relaciones entre el rendimiento y la edad y el sexo de los estudiantes, la ubicación de las escuelas (urbana, periurbana o rural) y las zonas del país.
- Examinar los patrones de rendimiento.
- Comparar el rendimiento de los alumnos de 3.° y 6.° grado en 1999 y 2005.

Frecuencia. Uganda ha llevado a cabo evaluaciones nacionales de rendimiento educativo desde 1996. Al principio, se evaluaban pares de materias (comprensión lectora y aritmética elemental; ciencias y estudios sociales) cada tres años. Desde 2003, el interés se ha centrado en la comprensión lectora y el cálculo aritmético, que se evalúan anualmente.

Grados. 3.° y 6.°

Rendimientos evaluados. Inglés y cálculo aritmético. La fluidez oral en inglés se evalúa cada tres años.

Instrumentos. Pruebas de rendimiento en comprensión lectora y cálculo artimético. Las evaluaciones nacionales anteriores utilizaron cuestionarios para estudiantes, docentes y directivos. Las evaluaciones que recopilan datos de cuestionarios se realizan cada tres años.

¿Quién la realizó? La Junta Nacional de Exámenes de Uganda (UNEB).

Muestra o población. Inicialmente se tomaron como muestra distritos dentro de cada una de las 14 zonas del país. El tamaño de la muestra se incrementó para garantizar un mínimo de tres escuelas dentro de cada distrito.

Análisis. Los puntajes de los estudiantes en cada prueba se clasificaron como uno de cuatro niveles: "avanzado", "adecuado", "básico" e "inadecuado". Se determinó y estableció los puntajes correspondientes a los niveles mientras los paneles integrados por funcionarios del Centro Nacional de Elaboración de Planes de Estudios, las Escuelas de Formación de Maestros de Primaria, las Agencias de Normas de Educación, el UNEB y las profesiones docentes elaboraban las pruebas. En la prueba de inglés de 50 puntos de 3.° grado, se usaron los siguientes rangos de puntaje para definir los niveles de desempeño: 38-50 "avanzado", 20-37 "adecuado", 15-19 "básico" y 0-14 "inadecuado". Los paneles decidieron que el nivel adecuado debía ser considerado el nivel mínimo "deseado" de competencia. Menos del 40 por ciento de los estudiantes de 3.° grado logró el nivel de competencia deseado en inglés (tabla A.9.1). Los resultados de la prueba de rendimiento (en términos de porcentaje) se informaron según la edad de los estudiantes, la ubicación de la escuela (urbana o rural), la región geográfica y la zona.

Uso de los resultados. El UNEB imprimió un póster para cada 3.° y 6.° grado en Uganda y enumeró las áreas del plan de estudios donde el desempeño de los estudiantes a nivel nacional se consideró adecuado (por ejemplo, "Sabemos contar" o "Podemos llevar a cabo una suma y una resta de números escritos en cifras y en símbolos") y

TABLA A.9.1
Porcentaje de estudiantes de 3.° grado en Uganda calificados como competentes en inglés, 2005

Calificación	Niños (%)	Niñas (%)	Todos (%)
Competente (avanzado + adecuado)	36,9	39,7	38,3
Por debajo del nivel de competencia deseado (básico + inadecuado)	63,1	60,3	61,7

Fuente: UNEB 2006, Tabla 3.02.

menos adecuado (por ejemplo, "Ayúdennos a desarrollar un vocabulario más amplio" o "Ayúdennos a dividir números correctamente" o "Ayúdennos a resolver problemas de palabras en matemáticas"). Se preparó un póster similar para los docentes.

El UNEB tiene planes para difundir las lecciones clave aprendidas de la NAPE de 2005 en forma de informes independientes sencillos sobre las implicaciones de la NAPE para docentes, directores, supervisores e inspectores, formadores de docentes y responsables políticos. También está diseñando una iniciativa piloto para aplicar enfoques de evaluación nacional a fin de ayudar a mejorar la evaluación en el aula.

Puntos interesantes. La gran mayoría de los estudiantes tuvieron que realizar las pruebas en su segundo idioma. Sería muy difícil encontrar un idioma habitualmente empleado en el cual administrar una prueba. Más de una cuarta parte de las escuelas primarias no se pudieron incluir en la evaluación nacional, en parte debido a los disturbios civiles en determinadas regiones. El UNEB encontró que, en ocasiones, las escuelas exageran sus datos de inscripción para aumentar sus niveles de asignación de recursos.

Muchos de los puntos de lengua evaluados se agruparon bajo la denominación general de "gramática" (50 por ciento para tercer grado y 30 por ciento para sexto grado). En general, los puntos de la prueba resultaron difíciles para los estudiantes. Muchos estudiantes obtuvieron puntajes relativamente bajos (véase la figura A.9.1). Aunque se esperaba que el estudiante típico de 3.° grado tuviera entre 8 y 9 años de edad, la edad promedio real de los alumnos que realizaron la prueba de 3.° grado fue de 10,2 años; algunos tenían 11 años de edad o incluso más.

FIGURA A.9.1

Distribución del puntaje de las pruebas de comprensión lectora de 6.° grado en Uganda

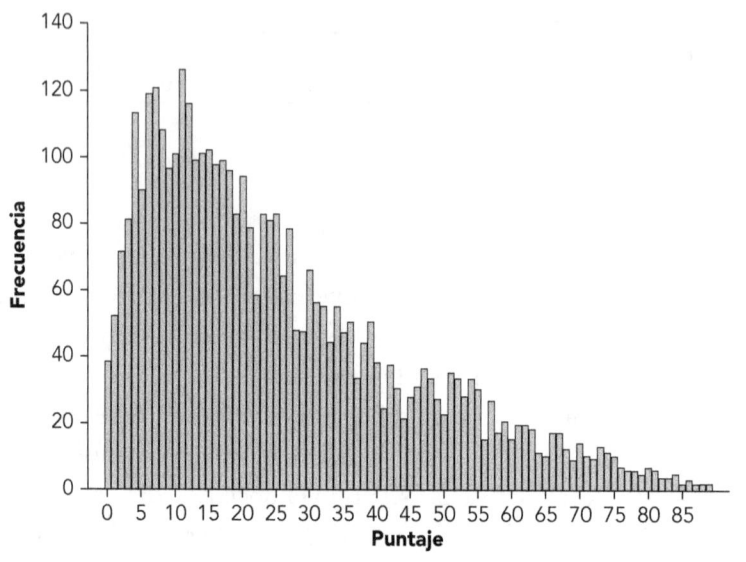

Fuente: Clarke 2005.

Se encontraron diferencias de rendimiento significativas según el área zonal. El 87,5 por ciento de los estudiantes de 6.° grado de la zona de Kampala alcanzó el nivel de competencia deseado en inglés. El porcentaje correspondiente para cada una de las seis zonas restantes fue inferior a 30. El rendimiento en la prueba secundaria de escritura de 6.° grado reveló diferencias sustanciales entre los niveles de rendimiento esperados y reales. Aproximadamente la mitad de los estudiantes alcanzó el nivel de competencia deseado en redactar una historia sobre una imagen; una cuarta parte en la redacción de una carta y una décima parte en componer y redactar una historia. El informe técnico incluye una muestra de la redacción de cartas de los estudiantes y las listas de los errores más frecuentes en las pruebas de matemáticas. También incluye una serie de recomendaciones y lista las agencias o unidades que deberían asumir la responsabilidad del seguimiento de las recomendaciones.

El UNEB reclutó los servicios de un auditor externo para revisar la calidad de su trabajo, específicamente la calidad de las características estadísticas de los ítems y la correlación entre los ítems seleccionados y los objetivos del plan de estudios. El auditor observó una gran correlación entre los ítems y el plan de estudios, pero recomendó dedicar más atención a la resolución de problemas en matemáticas. La tarea del auditor quedó en cierto modo limitada por la falta de información sobre evaluaciones nacionales anteriores relacionadas con el desarrollo, las ponderaciones de la muestra, el diseño y el análisis de la prueba. Algunos de los problemas derivan del hecho de que para algunos trabajos de análisis de NAPE se había contratado a un equipo externo a la UNEB. El asesor recomendó que se guardaran copias de todos los instrumentos, detalles de los procedimientos analíticos de muestreo y toda otra documentación pertinente en los archivos de la Agencia Nacional de Evaluación (UNEB).

Fuente: UNEB 2006.

APÉNDICE  # ESTUDIOS INTERNACIONALES

B.1. ESTUDIO INTERNACIONAL DE TENDENCIAS EN MATEMÁTICAS Y CIENCIAS (TIMSS)

Marco de referencia

Los objetivos principales del Estudio Internacional de Tendencias en Matemáticas y Ciencias (TIMSS), organizado por la Asociación Internacional para la Evaluación del Rendimiento Educativo (IEA), eran los siguientes:

- Evaluar los logros de los estudiantes en matemáticas y ciencias, descritos en términos de conceptos, procesos, habilidades y actitudes.
- Describir el contexto en el que se desarrollan los logros, con miras a identificar factores relacionados con el aprendizaje de los alumnos que pueden ser manipulados a través de cambios en las políticas (relativos, por ejemplo, a énfasis en el currículo, asignación de recursos o prácticas de enseñanza).

Se llevaron a cabo tres estudios TIMSS: el primero, en 45 sistemas educativos, en 1994-95, sobre tres poblaciones (3.° y 4.° grado; 7.° y 8.° grado; último año de la escuela secundaria); el segundo, en 38 sistemas educativos, en 1999, sobre 8.° grado; y el tercero, sobre 4.° y 8.°

grado, en 50 sistemas, en 2003. Están programados estudios adicionales para 2007, 2008 (solo para el último año de la escuela secundaria) y 2011.

TIMSS distingue entre el currículo previsto, implementado y logrado y, en sus análisis, explora cómo se interrelacionan. El *currículo previsto* representa una declaración de las metas de la sociedad para la enseñanza y el aprendizaje, que se describen típicamente en currículos, programas de estudio, declaraciones sobre políticas y regulaciones y que se reflejan en los libros de texto, recursos y exámenes. El *currículo implementado* es cómo el currículo previsto es interpretado por los docentes y es puesto a disposición de los estudiantes. Se recogen datos acerca de la implementación (con los que se elabora un índice de las oportunidades de aprendizaje de los estudiantes), principalmente a través de cuestionarios administrados a docentes y estudiantes. El *currículo logrado* es lo que los estudiantes aprendieron, según se infiere de su desempeño en las pruebas.

Instrumentación

En las pruebas TIMSS se evalúan los siguientes componentes de matemáticas:

- *Contenidos*. Números; mediciones; geometría; proporcionalidad; funciones, relaciones y ecuaciones; datos, probabilidad, estadísticas; análisis elemental; y validación y estructura.
- *Expectativas de rendimiento*. Conocimiento, uso de procedimientos habituales, investigación y resolución de problemas, razonamiento matemático y comunicación.
- *Puntos de vista*. Actitudes, trayectoria, participación, interés creciente y hábitos de pensamiento.

Los componentes científicos de TIMSS comprenden lo siguiente:

- *Contenidos*. Ciencias de la tierra; ciencias naturales; ciencias físicas; tecnología; matemáticas; historia de la ciencia; cuestiones ambientales; naturaleza de la ciencia; y ciencia y otras disciplinas.
- *Expectativas de rendimiento*. Comprensión; teorización, análisis, resolución de problemas, uso de herramientas, procedimientos

habituales y procesos científicos; investigación de la naturaleza; y comunicación.
- *Puntos de vista.* Actitudes, trayectoria, participación, interés creciente, seguridad y hábitos de pensamiento.

Desde su inicio, TIMMS modificó sus marcos de referencia para reflejar los cambios curriculares y pedagógicos en los países participantes. Los diseñadores de TIMSS utilizaron un marco curricular basado en estudios precedentes (en particular, el Segundo Estudio Internacional en Matemáticas, en el caso de las matemáticas) para desarrollar pruebas a través de un proceso de construcción de consenso entre los países participantes. Se testearon y evaluaron varios cientos de ítems (opción múltiple y respuesta construida) para verificar su adecuación y ajuste al currículo. A través de la distribución de los ítems a evaluar en varios cuadernillos de prueba se obtuvo la máxima cobertura del currículo sin imponer una carga excesiva a los estudiantes que tomaron parte en el estudio. Cada estudiante respondió solo a un cuadernillo. La tabla B.1.1. presenta un ejemplo tomado del marco curricular para la evaluación TIMSS de 2007.

TABLA B.1.1
Porcentajes meta del TIMSS 2007 dedicado a las áreas de contenido y cognitiva, grado cuarto y octavo

Áreas de contenido de cuarto grado	Porcentajes	
Número	50	
Formas y medidas geométricas	35	
Visualización de datos	15	
Áreas de contenido del octavo grado	Porcentajes	
Número	30	
Álgebra	30	
Geometría	20	
Datos y probabilidad	20	
Áreas cognitivas	Porcentajes	
	Cuarto grado	Octavo grado
Conocimiento	40	35
Aplicación	40	40
Razonamiento	20	25

Fuente: Mullis et al. 2005, documento 2. Reproducido bajo autorización.

Los cuadernillos fueron organizados y administrados para obtener información acerca de lo siguiente:

- Contexto general social y educacional (*nivel sistema*)
- Contexto local, comunitario y escolar (*nivel escuela*)
- Factores de antecedentes personales (*nivel estudiante individual*)

Los instrumentos fueron traducidos a más de 30 idiomas.

Participantes

Tres poblaciones participaron del primer TIMSS de 1994-95:

- *Población 1*. Estudiantes del par de grados subsiguientes que incluyen a la mayor parte de los estudiantes de nueve años de edad (normalmente grados 3.° y 4.°).
- *Población 2*. Estudiantes de los dos grados subsiguientes que incluyen a la mayor parte de los estudiantes de 13 años de edad (normalmente grados 7.° y 8.°).
- *Población 3*. Estudiantes del último año de la escuela secundaria. Se identificaron dos subpoblaciones: (a) todos los estudiantes que realizaron una prueba de matemáticas y lectoescritura, y (b) estudiantes que se especializaban en matemáticas o física, que realizaron una prueba especializada.

En 1994-95, participaron en TIMSS 45 sistemas educativos (Poblaciones 1, 2 y 3). De entre ellos, uno era africano (Sudáfrica); seis de Asia/Oriente Medio (RAE de Hong Kong, China; República Islámica de Irán; Israel; Japón; República de Corea; Kuwait; Singapur y Tailandia); y uno de América Latina y el Caribe (Colombia).

En 1999, participaron en TIMSS treinta y ocho sistemas educativos (Población 2). De entre ellos, tres eran africanos (Marruecos, Sudáfrica y Túnez); trece de Asia/Oriente Medio (Taipéi Chino; RAE de Hong Kong, China; Indonesia; República Islámica de Irán; Israel; Japón; Jordania; República de Corea; Malasia; Filipinas; Singapur; Tailandia y Turquía); y dos eran de América Latina y el Caribe (Argentina y Chile).

En TIMSS 2003 participaron cincuenta sistemas educativos (Poblaciones 1 y 2). De entre ellos, seis africanos (Botsuana; República Árabe de Egipto; Ghana; Marruecos; Sudáfrica; y Túnez); diecisiete de Asia/Oriente Medio (Bahréin; Taipéi Chino; RAE de Hong Kong, China; Indonesia; República Islámica de Irán; Israel; Japón; Jordania; República de Corea; Líbano; Malasia; Palestina; Filipinas; Arabia Saudita; Singapur; República Árabe Siria; y República de Yemen); y uno en América Latina y el Caribe (Chile).

Algunas conclusiones

La tabla B.1.2 presenta los resultados de 8.° grado en la prueba de matemáticas de 2003. Aproximadamente la tercera parte de los estudiantes de los sistemas con mejor rendimiento obtuvo puntuaciones del nivel de referencia avanzado. En marcado contraste, diecinueve de los sistemas de menor puntaje registraron un 1 por ciento o menos estudiantes en este nivel de referencia. Singapur se clasificó primero en la prueba tanto de 4.° como de 8.° grado. Algunos sistemas mostraron un promedio de rendimiento significativamente más alto, comparados con sus rendimientos de 1995 y 1999, mientras que otros experimentaron significativas disminuciones en sus puntuaciones. República de Corea; RAE de Hong Kong, China; Letonia; Lituania y Estados Unidos se contaron entre los que mejoraron en 8.° grado.

En general, las diferencias de género en el rendimiento en matemáticas fueron insignificantes. Las niñas, sin embargo, superaron a los niños en algunos sistemas, mientras que a los niños les fue mejor en otros sistemas. Un alto nivel educativo de los padres se asoció con puntuaciones de rendimiento más altas prácticamente en todos los sistemas. En el estudio de 2003, tanto en 4.° como en 8.° grado, la cantidad de libros que había en sus casas se correspondió significativamente con los rendimientos de los estudiantes en matemáticas.

El alcance de la cobertura del currículo evaluado en TIMSS 2003 varió a lo largo de los sistemas. Los informes de los docentes del 8.° grado indicaron que, en promedio, al 95 por ciento de los estudiantes les habían enseñado los números, al 78 por ciento mediciones, al 65 por ciento geometría, al 66 por ciento álgebra, al 46 por ciento datos. A más del 80 por ciento de los estudiantes les enseñaron docentes que tenían, por lo menos, alguna capacitación profesional

TABLA B.1.2
TIMSS. Distribución del rendimiento en matemáticas. 8.º grado

Países	Años de escolarización*	Edad promedio	Distribución del rendimiento en matemáticas	Escala de calificación promedio	Índice de Desarrollo Humano**
Singapur	8	14.3		605 (3.6) ○	0.884
➧ Rep. de Corea	8	14.6		589 (2.2) ○	0.879
† Hong Kong, Región Administrativa Especial	8	14.4		586 (3.3) ○	0.889
Taipéi Chino	8	14.2		585 (4.6) ○	–
Japón	8	14.4		570 (2.1) ○	0.932
Bélgica (flamenca)	8	14.1		537 (2.8) ○	0.937
† Países Bajos	8	14.3		536 (3.8) ○	0.938
Estonia	8	15.2		531 (3.0) ○	0.833
Hungría	8	14.5		529 (3.2) ○	0.837
Malasia	8	14.3		508 (4.1) ○	0.790
Letonia	8	15.0		508 (3.2) ○	0.811
Federación de Rusia	7 or 8	14.2		508 (3.7) ○	0.779
República Eslovaca	8	14.3		508 (3.3) ○	0.836
Australia	8 or 9	13.9		505 (4.6) ○	0.939
‡ Estados Unidos	8	14.2		504 (3.3) ○	0.937
¹ Lituania	8	14.9		502 (2.5) ○	0.824
Suecia	8	14.9		499 (2.6) ○	0.941
¹ Escocia	9	13.7		498 (3.7) ○	0.930
² Israel	8	14.0		496 (3.4) ○	0.905
Nueva Zelanda	8.5 - 9.5	14.1		494 (5.3) ○	0.917
Eslovenia	7 or 8	13.8		493 (2.2) ○	0.881
Italia	8	13.9		484 (3.2) ○	0.916
Armenia	8	14.9		478 (3.0) ○	0.729
¹ Serbia	8	14.9		477 (2.6) ○	–
Bulgaria	8	14.9		476 (4.3) ○	0.795
Rumania	8	15.0		475 (4.8) ○	0.773
Promedio internacional	8	14.5		467 (0.5)	
Noruega	7	13.8		461 (2.5) ◉	0.944
Rep. de Moldavia	8	14.9		460 (4.0) ◉	0.700
Chipre	8	13.8		459 (1.7) ◉	0.891
² Rep. de Macedonia	8	14.6		435 (3.5) ◉	0.784
Líbano	8	14.6		433 (3.1) ◉	0.752
Jordania	8	13.9		424 (4.1) ◉	0.743
Rep. Islámica de Irán	8	14.4		411 (2.4) ◉	0.719
¹ Indonesia	8	14.5		411 (4.8) ◉	0.682
Túnez	8	14.8		410 (2.2) ◉	0.740
Egipto	8	14.4		406 (3.5) ◉	0.648
Bahréin	8	14.1		401 (1.7) ◉	0.839
Aut. Nac. Palestina	8	14.1		390 (3.1) ◉	0.731
Chile	8	14.2		387 (3.3) ◉	0.831
¹ ¹ Marruecos	8	15.2		387 (2.5) ◉	0.606
Filipinas	8	14.8		378 (5.2) ◉	0.751
Botsuana	8	15.1		366 (2.6) ◉	0.614
Arabia Saudita	8	14.1		332 (4.6) ◉	0.769
Ghana	8	15.5		276 (4.7) ◉	0.567
Sudáfrica	8	15.1		264 (5.5) ◉	0.684
¶ Inglaterra	9	14.3		498 (4.7) ○	0.930
Participantes de la evaluación comparativa					
País Vasco, España	8	14.1		487 (2.7) ○	–
Estado de Indiana, Estados Unidos	8	14.5		508 (5.2) ○	–
Prov. de Ontario, Canadá	8	13.8		521 (3.1) ○	–
Prov. de Quebec, Canadá	8	14.2		543 (3.0) ○	–

0 100 200 300 400 500 600 700 800

— Percentiles de rendimiento —
5th   25th   35th   95th
Intervalo de confianza del 95 % por promedio (±2SE)

◉ Promedio nacional significativamente superior al promedio internacional
◉ Promedio nacional significativamente inferior al promedio internacional

* Representa los años de escolarización contando desde el primer año del Nivel 1 de la Clasificación Internacional de Niveles Educativos (CINE).
** Tomado del Informe del 2003 del Programa de las Naciones Unidas para el Desarrollo Humano, pág. 237-240.
† Satisfizo los requisitos relativos a los porcentajes muestrales solo después de haber incluido escuelas de reemplazo (véase Documento A.9).
‡ Casi satisfizo los requisitos relativos a los porcentajes muestrales solo luego de haber incluido escuelas de reemplazo (véase Documento A.9).
¶ No satisfizo los requisitos relativos a los porcentajes muestrales (véase Documento A.9).
1 La población nacional deseada no cubre toda la población internacional deseada (véase Documento A.6).
2 La población nacional definida cubre menos del 90 % de la población internacional deseada (véase Documento A.6).
➧ Corea evaluó a la misma cohorte estudiantil que los otros países, pero más tarde en 2003, al comienzo del año escolar siguiente.
( ) Los errores estándar aparecen entre paréntesis. Puesto que los resultados son redondeados al número entero más cercano, algunos totales pueden parecer incoherentes.
Un guión (-) indica que no se dispone de datos comparables.

Fuente: Mullis et al. 2004, documento 1.1. Reproducido bajo autorización.

en matemáticas. Los libros de texto eran ampliamente usados como base para la enseñanza. Por el contrario, el uso de calculadoras varió en gran medida entre sistemas. Las escuelas que tenían pocos estudiantes viviendo en hogares de bajos recursos económicos obtuvieron en promedio 57 puntos más en 8.º grado y 47 puntos más en 4.º grado que las escuelas en las cuales más de la mitad de los estudiantes provenían de hogares de bajos recursos económicos.

B.2. ESTUDIO SOBRE EL PROGRESO INTERNACIONAL DE LA COMPETENCIA EN LECTURA

Marco de referencia

El Estudio de Competencia en Lectura de IEA de 1991 sirvió como base para la definición de competencia en lectura del Estudio sobre el Progreso Internacional de la Competencia en Lectura (PIRLS). Para PIRLS (tanto en 2001 como 2006) la comprensión lectora fue definida como

> ... la habilidad para comprender y usar aquellas formas de lenguaje que la sociedad requiere, y/o que son valoradas por los individuos. Los lectores jóvenes pueden comprender el sentido de una variedad de textos. Leen para aprender, para participar en comunidades de lectores y por placer (IEA 2000, 3).

El marco de evaluación para PIRLS comprende dos objetivos principales de lectura combinados con cuatro procesos de comprensión. Los *objetivos* son los siguientes:

- *Literarios*. Lectura como experiencia literaria en la que el lector utiliza un texto para asociarse con eventos y personajes imaginarios y para disfrutar del lenguaje mismo.
- *Informativos*. Lectura para adquirir y usar información, en la que el lector se involucra con aspectos del mundo real, representados en textos cronológicos (por ejemplo, cuando los eventos son descritos en biografías, recetas e instrucciones), o en textos no

cronológicos, en los cuales las ideas están organizadas lógicamente más que cronológicamente (por ejemplo, textos de debate o persuasivos).

Los *procesos de comprensión* requieren que los estudiantes hagan lo siguiente:

- *Concentrarse y recuperar información explícita.* Por ejemplo, buscar ideas específicas; encontrar la oración o la idea principal cuando sean explícitas.
- *Hacer inferencias directas.* Por ejemplo, inferir que un evento causó otro; identificar generalizaciones en el texto.
- *Interpretar e integrar ideas e información.* Por ejemplo, distinguir el mensaje general o el tema de un texto; comparar y contrastar información textual.
- *Examinar y evaluar contenido, lenguaje y elementos textuales.* Describir cómo el autor concibió un final sorpresivo; juzgar acerca de la integridad o claridad de la información en el texto.

El estudio PIRLS se llevó a cabo en 2001 y 2006.

Instrumentos

Se estimó que el uso de textos "auténticos" (esto es, los típicos leídos por los estudiantes en su experiencia cotidiana) para cada propósito (leer por la experiencia literaria y leer para adquirir y usar información) requeriría una prueba de cuatro horas. Desde el momento que no pareció razonable esperar que los estudiantes se sentaran durante más de una hora en una situación de examen, el material de evaluación se distribuyó a lo largo de 10 cuadernillos, y cada estudiante respondió solo uno de los cuadernillos.

La habilidad de los estudiantes en cada uno de los cuatro diferentes procesos de comprensión fue evaluada a través de preguntas que acompañaban los textos. Se usaron dos formatos: respuesta múltiple y respuesta construida.

A través de cuestionarios se obtuvo información acerca de las actitudes de los estudiantes hacia la lectura y acerca de sus hábitos de lectura. Los cuestionarios fueron administrados también a los padres de los estudiantes, a los docentes y a los directores de las escuelas para recopilar información acerca de las experiencias en el hogar de los estudiantes y en la escuela consideradas relevantes para el desarrollo de la competencia lectora.

Participantes

La población objetivo de PIRLS se definió como el grado superior entre los dos grados subsiguientes con la mayor cantidad de alumnos de nueve años. En la mayor parte de los sistemas, este fue el cuarto grado.

Treinta y cinco sistemas educativos participaron en PIRLS 2001. Entre ellos, uno en África (Marruecos); seis en Asia/Oriente Medio (RAE de Hong Kong, China; República Islámica de Irán; Israel; Kuwait; Singapur; y Turquía); y tres en América Latina (Argentina, Belice y Colombia) (Mullis et al., 2003). Cuarenta y un sistemas participaron en PIRLS 2006. El número de participantes se incrementó en uno (con la incorporación de Sudáfrica). El número de países participantes de Asia/Oriente Medio se incrementó en dos (con la incorporación de Taipéi Chino, Indonesia y Qatar, pero con la deserción de Turquía). Participó un sistema de América Latina y el Caribe (se unió Trinidad y Tobago, mientras que los tres que habían participado en 2001 no participaron).

Está programado realizar PIRLS nuevamente en 2011.

Algunas conclusiones

Sobre la base de los puntajes obtenidos por los alumnos en las pruebas se crearon cuatro valores de referencia. Esos valores de referencia eran el *rango inferior*, definido como el 25° percentil (el punto por encima del cual calificó el 75 por ciento superior de los estudiantes); el *rango medio*, definido como el 50° percentil; el *rango superior*, definido como el 75° percentil; y el *rango 10 por ciento superior*, definido como el 90° percentil. Si los puntajes de logro en la lectura se distribuyeran de la misma manera en cada país, aproximadamente el 10 por ciento de los estudiantes en cada país se clasificaría en el 10 %

TABLA B.2.1
Porcentajes de estudiantes que alcanzan los niveles de referencia PIRLS en Rendimiento en Lectura, 4.° grado

Países	Rango del 10 % superior	Rango superior	Rango medio	Nivel del rango inferior
** Inglaterra	24 (1.6)	45 (1.9)	72 (1.6)	90 (1.0)
Bulgaria	21 (1.3)	45 (1.9)	72 (1.9)	91 (1.1)
Suecia	20 (1.1)	47 (1.4)	80 (1.3)	96 (0.5)
* Estados Unidos	19 (1.3)	41 (2.0)	68 (2.0)	89 (1.2)
Nueva Zelanda	17 (1.4)	35 (1.7)	62 (1.9)	84 (1.3)
¶ Canadá	16 (1.0)	37 (1.3)	69 (1.3)	93 (0.6)
Singapur	15 (1.5)	35 (2.3)	64 (2.3)	85 (1.6)
* Países Bajos	14 (1.0)	40 (1.7)	79 (1.5)	98 (0.5)
Italia	14 (1.0)	36 (1.3)	69 (1.5)	92 (0.8)
* Escocia	14 (1.1)	32 (1.8)	62 (1.8)	87 (1.1)
Hungría	13 (0.9)	36 (1.5)	71 (1.2)	94 (0.6)
¹ Lituania	13 (1.4)	36 (1.7)	71 (1.7)	95 (0.6)
Letonia	12 (1.1)	36 (1.6)	73 (1.5)	96 (0.6)
Alemania	12 (0.8)	34 (1.3)	69 (1.2)	93 (0.6)
² Israel	11 (0.8)	28 (1.2)	54 (1.4)	79 (1.1)
Rumania	11 (1.3)	27 (2.0)	54 (2.1)	81 (1.7)
República Checa	10 (0.9)	32 (1.5)	68 (1.5)	93 (0.7)
² Grecia	10 (0.8)	28 (2.0)	60 (2.2)	89 (1.2)
Francia	9 (0.9)	26 (1.2)	60 (1.4)	90 (0.9)
² Federación de Rusia	8 (1.0)	27 (2.1)	64 (2.3)	92 (1.6)
República Eslovaca	7 (1.0)	23 (1.4)	59 (1.7)	88 (1.1)
Islandia	7 (0.6)	23 (1.0)	53 (1.0)	85 (0.8)
Hong Kong, Región Administrativa Especial	6 (0.7)	26 (1.7)	64 (1.9)	92 (1.1)
Noruega	6 (0.9)	19 (1.2)	48 (1.4)	80 (1.4)
Chipre	6 (0.8)	18 (1.3)	45 (1.6)	77 (1.4)
Eslovenia	4 (0.5)	17 (1.0)	48 (1.2)	83 (0.9)
Rep. de Moldavia	4 (0.9)	15 (1.8)	42 (2.5)	79 (1.7)
Rep. de Macedonia	3 (0.4)	10 (0.9)	28 (1.5)	55 (2.1)
Turquía	2 (0.3)	7 (0.9)	25 (1.6)	58 (1.7)
Argentina	2 (0.4)	5 (0.8)	17 (1.6)	46 (2.5)
Rep. Islámica de Irán	1 (0.2)	4 (0.5)	16 (1.4)	42 (1.9)
Colombia	1 (0.4)	3 (0.8)	14 (1.5)	45 (2.4)
² Marruecos	1 (0.9)	3 (1.4)	8 (2.1)	23 (3.0)
Kuwait	0 (0.1)	2 (0.4)	10 (1.1)	36 (2.0)
Belice	0 (0.2)	1 (0.4)	5 (0.6)	16 (1.3)
● Ontario (Canadá)	19 (1.4)	40 (1.8)	70 (1.6)	92 (0.8)
● Quebec (Canadá)	11 (1.0)	31 (1.8)	67 (2.0)	94 (0.8)

Rango del 10 % superior (90° percentil) = 615
Rango superior (75° percentil) = 570
Rango medio (50° percentil) = 510
Nivel del rango inferior (25° percentil) = 435

▲ Porcentaje de estudiantes en o por encima del rango del 10 % superior
▲ Porcentaje de estudiantes en o por encima del rango superior
▲ Porcentaje de estudiantes en o por encima del rango medio

* Canadá está representada solamente por las provincias de Ontario y Quebec. El promedio internacional no incluye los resultados de estas provincias separadamente.

† Satisfizo los requisitos para los porcentajes muestrales solo luego de que se incluyeran las escuelas de reemplazo (véase Documento A.7).

‡ Casi satisfizo los requisitos para los porcentajes muestrales solo luego de haber incluido escuelas de reemplazo (véase Documento A.7).

¶ La Población Nacional Deseada no cubre toda la Población Internacional Deseada. Puesto que la cobertura cae por debajo del 65 %, Canadá está anotada como Canadá (O, Q) solo por las provincias de Ontario y Quebec.

2a La Población Nacional Definida cubre menos del 95 % de la Población Internacional Deseada (véase Documento A.4).

2b La Población Nacional Definida cubre menos del 80 % de la Población Internacional Deseada (véase Documento A.4).

( ) Los errores estándar aparecen entre paréntesis. Desde el momento que los resultados son redondeados al número entero más cercano, algunos totales pueden parecer inconsistentes.

Fuente: Mullis et al. 2004, documento 1.1. Reproducido bajo autorización.

superior. La tabla B.2.1. presenta los resultados de los países participantes. Muestra, por ejemplo, que el 24 por ciento de los estudiantes ingleses se clasificó en la categoría más alta y que 10 sistemas ubicaron a menos del 5 por ciento de los estudiantes en esta categoría.

Las niñas obtuvieron puntuaciones medias significativamente más altas que los niños en todos los sistemas. En los ítems que midieron la lectura para propósitos informativos, los estudiantes de Suecia, Países Bajos y Bulgaria obtuvieron las puntuaciones más altas. Las actividades de lectura temprana antes de comenzar la escuela, tales como leer libros y contar cuentos, se correlacionaron positivamente con el rendimiento posterior en lectura. Las puntuaciones más altas en logros en lectura fueron obtenidas por niños cuyos padres tenían actitudes favorables hacia la lectura. Los estudiantes que utilizaban en sus hogares la lengua utilizada en las evaluaciones tendieron a obtener puntuaciones más altas que los que hablaban otras lenguas. Las respuestas de los directores indicaron que en todos los sistemas se enfatizaba la lectura más que cualquier otra área del currículo en 1.° a 5.° grado.

Los docentes, por término medio, dijeron que pidieron a la mayoría de los alumnos de cuarto grado que leyeran en voz alta para toda la clase todos los días. Hicieron relativamente poco uso de las bibliotecas, aun cuando las bibliotecas tendían a estar disponibles. En promedio, al momento de monitorear el progreso de los estudiantes, la mayoría de los docentes confió más en sus propias evaluaciones que en pruebas objetivas. Casi dos de cada tres estudiantes dijeron leer cuentos o novelas por lo menos una vez a la semana. A lo largo de todos los sistemas, las actitudes de los estudiantes hacia la lectura se relacionaron positivamente con sus logros en dicha área.

B.3. PROGRAMA PARA LA EVALUACIÓN INTERNACIONAL DE ALUMNOS

Marco de referencia

El Programa para la Evaluación Internacional de Alumnos (PISA) evalúa el conocimiento y habilidades de los estudiantes de 15 años de edad a intervalos de tres años bajo los auspicios de la Organización para la Cooperación y el Desarrollo Económicos (OCDE). PISA fue desarrollado para proveer indicadores regulares acerca del rendimiento de los estudiantes cerca del final de la escolarización obligatoria para los Indicadores Internacionales de Sistemas Educativos de la OCDE.

Los estudiantes son evaluados en tres áreas: lectura, matemáticas y ciencias. Hasta la fecha se ha realizado tres evaluaciones PISA. En 2000, el área principal evaluada fue la lectura, con matemáticas y ciencias como áreas secundarias. En 2006, las ciencias fue el área principal de evaluación; lectura y matemáticas las áreas secundarias.

PISA fue diseñado para ser usado por países individuales con el fin de (a) medir las habilidades de lectoescritura de los estudiantes en comparación con los estudiantes de los países participantes; (b) establecer indicadores para la mejora educativa teniendo en cuenta el rendimiento de los estudiantes en otros países y (c) evaluar su capacidad para proveer altos niveles de equidad en oportunidades y resultados educativos. PISA intenta evaluar la medida en que los estudiantes cercanos al final de la escolarización obligatoria han adquirido el conocimiento y las habilidades que son esenciales para la plena participación en la sociedad.

Participantes

En 2000, participaron en PISA treinta y dos países. Dos años después, once países más realizaron las tareas de las evaluaciones PISA 2000. Ningún país africano participó en las evaluaciones de 2000. Los participantes de Asia/Oriente Medio incluyeron dos países de la OCDE (Japón y República de Corea) y cinco países "asociados" no miembros de la OCDE (RAE de Hong Kong, China; Indonesia; Israel; Federación de Rusia; y Tailandia). Los sistemas en América Latina y el Caribe incluyeron a México así como a los siguientes países no miembros de la OCDE: Argentina, Brasil, Chile y Perú. Los treinta estados miembros de la OCDE y otros once sistemas "asociados" tomaron parte en 2003. De entre los nuevos sistemas asociados, uno estaba en África (Túnez); uno en Asia (RAE de Macao, China); y uno en América Latina y el Caribe (Uruguay).

Tres sistemas originales asociados (Argentina, Chile y Perú) no participaron en la evaluación del 2003. Turquía, un país de la OCDE, participó por primera vez en 2003. En 2006, el número de sistemas participantes subió a cincuenta y siete. Túnez siguió siendo el único sistema africano participante. Los nuevos sistemas participantes en Asia/Oriente Medio incluyeron a Azerbaiyán, Taipéi Chino, Jordania, Kirguistán y Qatar. Los sistemas latinoamericanos que habían participado en las evaluaciones de 2000 o de 2003 realizaron las pruebas PISA 2006, al igual que un nuevo sistema asociado (Colombia).

La población de interés son los estudiantes de 15 años de edad. Se seleccionan al azar en los grados correspondientes en las escuelas participantes.

Instrumentos

En la prueba de comprensión lectora se da por sentado que los estudiantes son técnicamente capaces de leer y se intenta evaluar su habilidad para entender y reflexionar sobre una amplia variedad de materiales escritos en diferentes situaciones. Se identifica tres dimensiones: el *contenido o estructura* de los textos (continuos, como los narrativos y descriptivos, y discontinuos, como tablas, gráficos y formularios); los *procesos* que son necesarios llevar a cabo (recuperación, interpretación, reflexión y evaluación); y la *situación* en la cual el conocimiento y las habilidades son aprovechados o aplicados (personal, pública, ocupacional y educacional).

La prueba de Competencia en Matemáticas examina la capacidad de los estudiantes para analizar, razonar y comunicar ideas al formularlas, resolver e interpretar problemas matemáticos en una variedad de contextos. En el marco de las matemáticas se distinguen tres dimensiones: *contenido* (espacio y forma, cambio y relaciones, cantidad e incertidumbre); *competencias* (grupo de reproducción, grupo de conexiones y grupo de reflexión); y *situaciones* (personales, educacionales, u ocupacionales, públicas y científicas). Los ítems sujetos a prueba tendieron más hacia las situaciones de la "vida real" de lo que normalmente es el caso en las pruebas convencionales de rendimiento (véase figura B.3.1).

FIGURA B.3.1

Muestra de los ítems de matemáticas de PISA

Carpintero

Un carpintero tiene 32 m de madera y quiere construir un borde alrededor de un arriate. Está considerando los siguientes diseños para el arriate.

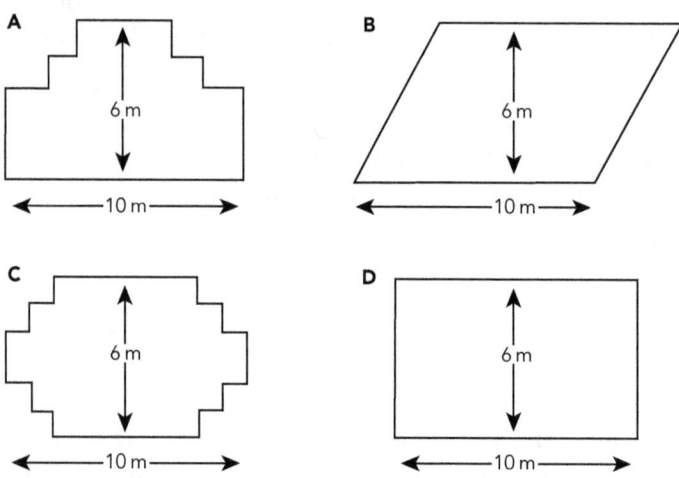

Pregunta 1	
Marque "Sí" o "No" en cada diseño para indicar si el arriate puede ser construido con los 32 m de madera.	
Diseño de arriate	Usando este diseño, ¿es posible construir el arriate con los 32 m de madera?
Diseño A	Sí / No
Diseño B	Sí / No
Diseño C	Sí / No
Diseño D	Sí / No

Fuente: OCDE 2003. Reproducido bajo autorización.

La prueba de Competencia en Ciencias verifica la habilidad de los estudiantes para extraer conclusiones apropiadas de los hechos e información que se les proporcionan, criticar postulados en base a los hechos y distinguir opinión de afirmaciones basadas en hechos. El marco de evaluación para las ciencias comprende tres dimensiones:

conceptos científicos (tomados de la física, química, biología y ciencias de la tierra y del espacio); *procesos* (describir, explicar y predecir fenómenos científicos; comprender la investigación científica; e interpretar evidencia científica y conclusiones); y *aplicación* (a la vida y a la salud; a la tierra y al ambiente; en tecnología).

Tener a disposición muchos más ítems de prueba que los que un estudiante individual puede completar asegura una adecuada cobertura de las áreas de interés. Los ítems están distribuidos a lo largo de 13 cuadernillos que consisten en varias combinaciones de matemáticas, lectura, ciencias y resolución de problemas.

Los cuestionarios fueron administrados a estudiantes (para obtener información acerca de su compromiso con la lectura, sus estrategias de lectura, sus creencias acerca de sí mismos; su percepción del entorno educacional; y su contexto familiar). También fueron administrados a los directores de escuela (para obtener información acerca de las políticas y prácticas escolares y la calidad de los recursos disponibles) (OCDE, 2004b).

Algunas conclusiones

PISA informa las principales puntuaciones de los países en una "tabla de clasificación" (figura B.3.2). También categoriza el rendimiento de los estudiantes por nivel de competencia basado en lo que las puntuaciones indican que los estudiantes pueden típicamente hacer. La figura B.3.3 describe las habilidades asociadas con cada uno de los seis niveles de competencia de PISA para matemáticas. La siguiente figura (figura B.3.4) sintetiza cómo fue en cada país el rendimiento de los estudiantes por nivel de competencia.

Los resultados muestran diferencias muy considerables entre países como Finlandia, República de Corea y Canadá, donde la mayoría de los estudiantes obtuvo calificaciones por encima del Nivel 2; y Brasil, Túnez, e Indonesia, donde una pequeña minoría alcanzó este nivel de competencia. Otros hallazgos muestran que menos del 5 por ciento de los estudiantes de los países de la OCDE alcanzó el Nivel 6, mientras que cerca de una tercera parte fue capaz de realizar tareas asociadas con los niveles 4, 5 y 6. Un 11 por ciento de los estudiantes no fue capaz de realizar las tareas de

FIGURA B.3.2

PISA. Puntuaciones medias de competencia lectora y puntuaciones de subescala lectura, 2000

Subescalas de lectura

Escala combinada de competencia en lectura		Extracción de información		Interpretación de textos		Reflexión sobre los textos	
País	Media	País	Media	País	Media	País	Media
Finlandia	546	Finlandia	556	Finlandia	555	Canadá	542
Canadá	534	Australia	536	Canadá	532	Reino Unido	539
Nueva Zelanda	529	Nueva Zelanda	535	Australia	527	Irlanda	533
Australia	528	Canadá	530	Irlanda	526	Finlandia	533
Irlanda	527	Rep. de Corea	530	Nueva Zelanda	526	Japón	530
Rep. de Corea	525	Japón	526	Rep. de Corea	525	Nueva Zelanda	529
Reino Unido	523	Irlanda	524	Suecia	522	Australia	526
Japón	522	Reino Unido	523	Japón	518	Rep. de Corea	526
Suecia	516	Suède	516	Islandia	514	Austria	512
Austria	507	Francia	515	Reino Unido	514	Suecia	510
Bélgica	507	Bélgica	515	Bélgica	512	**Estados Unidos**	507
Islandia	507	Noruega	505	Austria	508	Noruega	506
Noruega	505	Austria	502	Francia	506	España	506
Francia	505	Islandia	500	Noruega	505	Islandia	501
Estados Unidos	504	**Estados Unidos**	499	**Estados Unidos**	505	Dinamarca	500
Dinamarca	497	Suiza	498	République tchèque	500	Bélgica	497
Suiza	494	Dinamarca	498	Suiza	496	Francia	496
España	493	Italia	488	Dinamarca	494	Grecia	495
République tchèque	492	España	483	España	491	Suiza	488
Italia	487	Alemania	483	Italia	489	République tchèque	485
Alemania	484	République tchèque	481	Alemania	488	Italia	483
Hungría	480	Hungría	478	Polonia	482	Hungría	481
Polonia	479	Polonia	475	Hungría	490	Portugal	480
Grecia	474	Portugal	455	Grecia	475	Alemania	478
Portugal	470	Grecia	450	Portugal	473	Polonia	477
Luxemburgo	441	Luxemburgo	433	Luxemburgo	446	México	446
México	422	México	402	México	419	Luxemburgo	442
Media de la OCDE	500	Media de la OCDE	498	Media de la OCDE	501	Media de la OCDE	502
Países no miembros de la OCDE		Países no miembros de la OCDE		Países no miembros de la OCDE		Países no miembros de la OCDE	
Liechtenstein	483	Liechtenstein	492	Liechtenstein	484	Liechtenstein	468
Federación de Rusia	462	Letonia	451	Federación de Rusia	468	Letonia	458
Letonia	458	Federación de Rusia	451	Letonia	459	Federación de Rusia	455
Brasil	396	Brasil	365	Brasil	400	Brasil	417

NOTA: si bien los Países Bajos participaron en el Programa para la Evaluación Internacional de Alumnos (PISA) en 2000, problemas técnicos con su muestra impidieron presentar aquí sus resultados. Para información acerca de los resultados de los Países Bajos, véase OCDE (2001). La media OCDE es la media de las medias nacionales de 27 países de la OCDE. Puesto que PISA es principalmente un estudio de la OCDE, los resultados de los países que no forman parte de la OCDE se muestran por separado y no se incluyen en la media OCDE.

☐ Media significativamente superior a la media de los Estados Unidos
☐ Media no significativamente diversa de la media de los Estados Unidos
☐ Media significativamente inferior a la media de los Estados Unidos

Fuente: OCDE 2001, figura 3. Reproducida bajo autorización.

Matemáticas de Nivel 1. En la mayoría de los países, los varones tendieron a obtener mejores calificaciones que las mujeres, especialmente en tareas asociadas con espacio y forma. En algunos países (Australia, Austria, Japón, Países Bajos, Noruega y Polonia), las diferencias de logro entre los sexos no fueron significativas. Las mujeres tendieron a mostrar menor interés—y menos placer—en las matemáticas y sostuvieron que experimentaban más presión que los varones en esta área curricular. Los estudiantes de los Estados Unidos mostraron tendencia a tener "conceptos propios" más fuertes en matemáticas que los estudiantes de los demás países. Por el contrario, los estudiantes en Japón y República de Corea,

FIGURA B.3.3

Niveles de competencia en PISA Matemáticas

Puntuación	Nivel	Lo que los estudiantes saben hacer habitualmente
668	Nivel 6	En el nivel 6, los estudiantes saben conceptualizar, generalizar y utilizar información basada en sus investigaciones y los modelos que han creado al enfrentarse a problemas complejos. Son capaces de relacionar diferentes fuentes de información y representaciones y traducirlas entre ellas de forma flexible. Los estudiantes de este nivel poseen un pensamiento y razonamientos matemáticamente avanzados. Estos estudiantes pueden aplicar entendimiento y comprensión conjuntamente con el dominio de operaciones simbólicas y operaciones matemáticas formales, así como establecer relaciones para desarrollar nuevas aproximaciones y estrategias para hacer frente a situaciones innovadoras. Los estudiantes, a este nivel, pueden formular y comunicar con precisión sus acciones y reflexiones relativas a sus descubrimientos, interpretaciones, argumentos y la adecuación de estos a las situaciones originales.
606	Nivel 5	En el nivel 5, los estudiantes pueden desarrollar y trabajar con modelos para situaciones complejas, identificando limitaciones y especificando supuestos. Pueden seleccionar, comparar y evaluar las estrategias adecuadas para la resolución de problemas, para lidiar con problemas complejos relacionados con estos modelos. Los estudiantes, a este nivel, pueden trabajar estratégicamente utilizando amplias y bien desarrolladas habilidades de pensamiento y razonamiento, representaciones apropiadamente relacionadas, caracterizaciones simbólicas y formales, y conocimiento pertinente a estas situaciones. Pueden reflexionar acerca de sus acciones y formular y comunicar sus interpretaciones y razonamientos.
544	Nivel 4	En el nivel 4, los estudiantes pueden trabajar eficientemente con modelos explícitos para situaciones concretas que pueden suponer limitaciones o requieran formular supuestos. Pueden seleccionar e integrar diferentes representaciones, incluyendo las simbólicas, relacionarlas directamente con aspectos de situaciones del mundo real. Los estudiantes, a este nivel, pueden utilizar habilidades bien desarrolladas y razonar flexiblemente, con algún grado de entendimiento, en estos contextos. Pueden construir y comunicar explicaciones y argumentos basados en sus interpretaciones, argumentos y acciones.
482	Nivel 3	En el nivel 3, los estudiantes pueden ejecutar procedimientos descritos claramente, incluyendo aquellos que requieren decisiones secuenciales. Pueden elegir y aplicar estrategias simples para resolución de problemas. Los estudiantes, a este nivel, pueden interpretar y usar representaciones basadas en diferentes fuentes de información y razonar directamente a partir de ellas. Pueden desarrollar breves comunicaciones informando sus interpretaciones, resultados y razonamientos.
420	Nivel 2	En el nivel 2, los estudiantes pueden interpretar y reconocer situaciones en contextos que requieren no más que la inferencia directa. Pueden extraer información relevante de una fuente simple y hacer uso de una sola modalidad de representación. Los estudiantes, a este nivel, pueden emplear algoritmos básicos, fórmulas, procedimientos o convenciones. Son capaces de hacer razonamientos directos y de hacer interpretaciones literales de los resultados.
358	Nivel 1	En el nivel 1, los estudiantes pueden responder preguntas relativas a contextos familiares que contienen toda la información relevante y donde las preguntas están claramente definidas. Son capaces de identificar información y de llevar a cabo procedimientos rutinarios de acuerdo con instrucciones directas en situaciones explícitas. Pueden realizar acciones obvias y que sigan inmediatamente a estímulos directos.

Fuente: OCDE 2004a, figura 1. Reproducida bajo autorización.

FIGURA B.3.4

Porcentaje de estudiantes por cada nivel de competencia en la escala de matemáticas de PISA

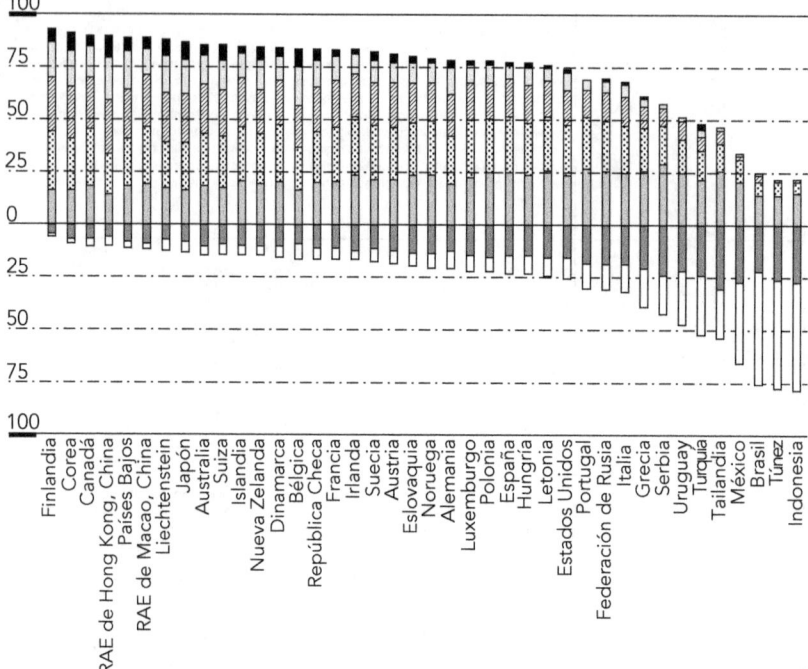

Los países están calificados en orden porcentual descendente de alumnos de 15 años de edad en los niveles 2, 3, 4, 5 y 6.

☐ Por debajo de Nivel 1   ■ Nivel 1   ☐ Nivel 2   ▧ Nivel 3
▨ Nivel 4   ☐ Nivel 5   ■ Nivel 6

Fuente: OCDE 2003b, figura 2.16a Reproducido bajo autorización.

países que habían obtenido puntuaciones más altas en la prueba de matemáticas, mostraron tendencia a tener conceptos propios más débiles en matemáticas. La ocupación de los padres y el apoyo de los padres a su educación se relacionaron fuertemente con el rendimiento de los estudiantes.

En el rendimiento en ciencias, raramente se evidenciaron diferencias de género. Porcentajes similares de varones y mujeres registraron puntuaciones particularmente altas y bajas. En lectura, la puntuación media de Finlandia fue más de medio nivel de competencia más alta

FIGURA B.3.5

Porcentaje de estudiantes por cada nivel de competencia en la escala de lectura PISA

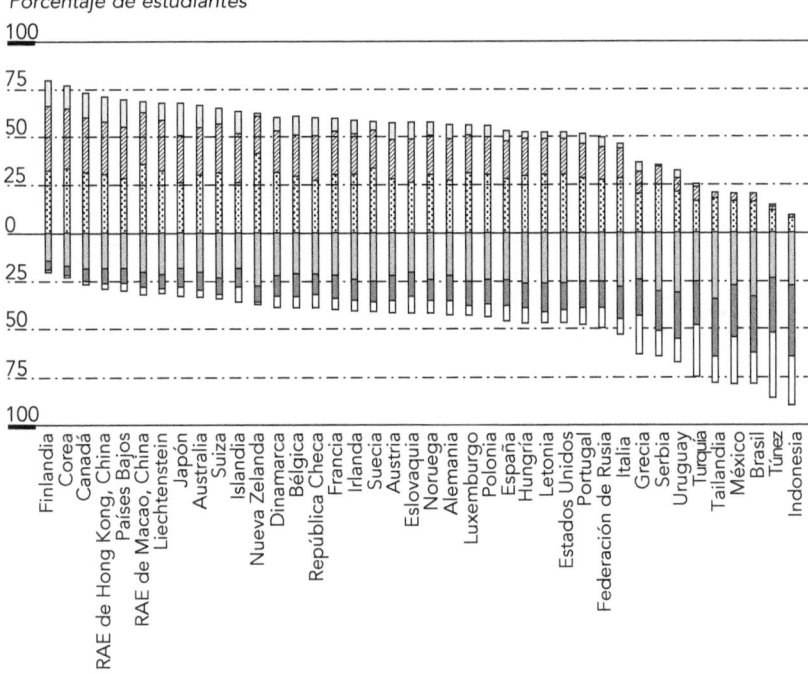

Los países están clasificados en orden porcentual descendente de alumnos de 15 años de edad en los niveles 3, 4 y 5.

☐ Por debajo de Nivel 1 ■ Nivel 1 ■ Nivel 2 ▨ Nivel 3
▨ Nivel 4 ☐ Nivel 5

Fuente: OCDE 2004b, figura 6.2. Reproducida bajo autorización.

que la media de la OCDE. Finlandia, junto con República de Corea y Canadá, también registró relativamente bajas diferencias internas, lo que sugiere niveles más altos de equidad educativa que en la mayoría de los países participantes. Muy pocos estudiantes de Indonesia, Túnez o Serbia alcanzaron el Nivel 3 o más alto (véase la figura B.3.5).

APÉNDICE C ESTUDIOS REGIONALES

C.1. CONSORCIO DEL ÁFRICA AUSTRAL Y ORIENTAL PARA EL MONITOREO DE LA CALIDAD DE LA EDUCACIÓN

Marco de referencia

El Consorcio del África Austral y Oriental para el Monitoreo de la Calidad de la Educación (SACMEQ) es una agrupación voluntaria de los ministerios de educación de África del Este y del Sur, que incluye Botsuana, Kenia, Lesotho, Malaui, Mauricio, Mozambique, Namibia, Seychelles, Sudáfrica, Suazilandia, Tanzania (continental), Tanzania (Zanzíbar), Uganda, Zambia y Zimbabue. Lanzado en 1995 con la asistencia del Instituto Internacional de Planeamiento de la Educación (IIPE) de la Organización de las Naciones Unidas para la Educación, la Ciencia y la Cultura (UNESCO), SACMEQ fue diseñado para (a) desarrollar la capacidad institucional a través de la capacitación conjunta ("aprendizaje práctico" para planificadores educativos) y la investigación cooperativa de políticas educativas sobre escolarización y calidad de la educación (por ejemplo, identificación de debilidades de los sistemas educativos en términos de insumos y procesos) y (b) para monitorear cambios en los rendimientos (IIPE, 2007). Una característica notable de SACMEQ es su estrategia sistemática de consultar con los altos responsables políticos gubernamentales para identificar cuestiones preocupantes que podrían ser objeto de estudios empíricos. También procura el compromiso de los sectores de interés y una mayor transparencia en la toma de decisiones. La primera serie de estudios SACMEQ se llevó a cabo entre 1995 y 1999.

Las cuestiones de interés político de los estudios SACMEQ II que se llevaron a cabo entre 2000 y 2003 fueron agrupadas en cinco temas principales (Murimba, 2005b; Passos et al., 2005):

- Características de los alumnos y sus ambientes de aprendizaje
- Características y percepciones de los docentes (por ejemplo, acerca de la enseñanza y los recursos)
- Características y percepciones de los directores de escuela (por ejemplo, acerca del funcionamiento de las escuela y los problemas encontrados)
- Equidad en la distribución de recursos humanos y materiales entre las regiones y las escuelas.
- Logros académicos en lectura y matemáticas de alumnos y de sus docentes.

SACMEQ se basó en un estudio anterior (1991) llevado a cabo en Zimbabue (Ross y Postlethwaite, 1991) y comenzó como una serie de estudios nacionales. Aun así, tuvo una dimensión internacional ya que los estudios compartían muchas características (cuestiones de investigación, instrumentos, poblaciones objetivo, procedimientos de muestreo y análisis). Se redactó un informe específico para cada país. Se efectuaron comparaciones internacionales para SACMEQ II pero no para SACMEQ I.

Instrumentos

Se recopilaron datos sobre la comprensión lectora y los niveles de cálculo artimético de los estudiantes mediante una prueba de rendimiento académico. En las pruebas de SACMEQ II se incorporó una cantidad de ítems del Estudio Internacional de Tendencias en Matemáticas y Ciencias (TIMSS) para proporcionar datos comparativos. Los cuestionarios se utilizaron para recopilar datos sobre indicadores de referencia para los insumos educativos, condiciones generales de escolarización y evaluación de equidad en la distribución de recursos humanos y materiales. La información acerca de las características de los hogares se obtuvo a través de cuestionarios administrados a los alumnos. Se les solicitó que indicaran el número de bienes en sus hogares, seleccionándolos de una lista que incluía objetos tales como un periódico diario, una publicación semanal o mensual, una radio, un aparato de TV, un teléfono, una motocicleta, agua corriente y electricidad.

Las pruebas SACMEQ II incluyeron ítems seleccionados de estudios previos: el Estudio sobre los Indicadores de la Calidad de la Educación de Zimbabue, SACMEQ I, TIMSS y del Estudio sobre Competencia Lectora de la Asociación Internacional para la Evaluación del Rendimiento Educativo (IEA). El uso de esos ítems permitió la comparación del rendimiento de los alumnos en los estudios con el rendimiento obtenido en SACMEQ II.

Los informes dedican considerable espacio a la descripción de las características de los docentes (por ejemplo, cualificaciones) y de las condiciones de las escuelas (por ejemplo, el mobiliario de los salones de clase, los materiales y el espacio); a su comparación con los marcos de referencia de los ministerios; y a su variación por escuela y ubicación geográfica.

SACMEQ II adoptó la definición de competencia lectora utilizada en el Estudio de Competencia Lectora de IEA (1990): "La habilidad para comprender y usar aquellas formas de la lengua escrita que la sociedad requiere y/o que son valoradas por los individuos" (Elley, 1992, 3). También sirvió como base para el desarrollo de la prueba de las tres áreas de investigación identificadas en el Estudio IEA:

- *Prosa narrativa*. Texto continuo en el cual el objetivo del autor es contar una historia, real o ficticia.
- *Prosa expositiva*. Texto continuo diseñado para describir, explicar, o transmitir de otro modo información fáctica u opinión.
- *Documentos*. Exposiciones de información estructurada presentada bajo la forma de gráficos, tablas, mapas, listas o una serie de instrucciones.

Se elaboró una tabla de especificaciones en la cual las tres áreas se combinaron con siete niveles de competencia lectora:

- Memorizar literalmente
- Parafrasear conceptos
- Identificar la idea principal
- Inferir a partir del texto
- Localizar información
- Localizar y procesar
- Aplicar reglas

En SACMEQ II, la competencia matemática se definió como "la capacidad de comprender y aplicar procedimientos matemáticos y de formarse un juicio al respecto como individuo y como miembro de la sociedad" (Shabalala, 2005, 76). La prueba evaluó la competencia en tres áreas:

- *Número*. Operaciones y recta numérica, raíces cuadradas, redondeo y valor posicional, cifras significativas, fracciones, porcentajes y relaciones
- *Medición*. En relación a distancia, longitud, área, capacidad, dinero y tiempo
- *Datos espaciales*. Formas geométricas, gráficos y tablas de datos.

La tabla de especificaciones combinó estas tres áreas con cinco niveles de habilidad "propuestos" (o esperados), que iban desde, por ejemplo, la habilidad de desarrollar operaciones simples utilizando hasta dos dígitos numéricos (Nivel 1), hasta la habilidad de hacer cálculos que conlleven varios pasos y una combinación de operaciones utilizando fracciones, decimales y números enteros (Nivel 5).

La mayoría de los ítems de prueba se presentaron en formato de opción múltiple.

Los resultados se presentaron de tres formas: (a) puntuación media, (b) porcentajes de alumnos que alcanzaron los niveles mínimos y deseables de rendimiento y (c) porcentajes de alumnos que alcanzaron ocho niveles de competencia en base a una técnica escalar del modelo teórico de respuesta a ítems (Rasch).

Las puntuaciones medias son mediciones promedio de rendimiento y pueden ser usadas para describir el rendimiento de diferentes categorías de alumnos (por ejemplo, niños y niñas, alumnos que viven en diferentes provincias o distritos). Los niveles mínimos y deseables de rendimiento fueron definidos por comités de expertos (integrados por especialistas en currículo, investigadores y docentes experimentados), antes de la recopilación de datos.

Se identificaron dos niveles:

- Un nivel *mínimo*, que indicaría que el alumno tendría graves dificultades para seguir adelante el curso siguiente en la escuela.
- Un nivel *deseable*, que indicaría que el alumno sería capaz de salir adelante con el curso siguiente.

Se llevaron a cabo análisis para identificar la variedad de niveles de habilidad mostrados por los alumnos y para proporcionar mayor comprensión acerca de sus logros. Las habilidades lectoras, asociadas con ocho niveles, incluyeron las siguientes:

- *Nivel 1*. Prelectura: relaciona palabras con imágenes que se refieren a conceptos concretos y objetos cotidianos.
- *Nivel 2*. Lectura emergente: combina palabras e imágenes que incluyen preposiciones y conceptos abstractos; utiliza sistemas de signos para interpretar expresiones a medida que avanza en la lectura.
- *Nivel 3*. Lectura básica: comprende el significado (haciendo coincidir palabras y expresiones que completan una oración) en un texto breve y simple.
- *Nivel 4*. Lectura para obtener el significado: avanza y retrocede para relacionar y comprender información localizada en varias partes de un texto.
- *Nivel 5*. Lectura comprensiva: lee hacia adelante y hacia atrás para combinar y comprende información de varias partes de un texto asociándola con información externa (recordada) que completa y contextualiza el significado.
- *Nivel 6*. Lectura inferencial: lee textos extensos (narrativos, expositivos) para combinar información de varias partes del texto para inferir el propósito del escritor.
- *Nivel 7*. Lectura analítica: localiza información en textos extensos (narrativos, expositivos) para combinar información para deducir las creencias personales del autor (sistemas de valores, prejuicios y sesgos).

- *Nivel 8.* Lectura crítica: localiza información en textos extensos (narrativos, expositivos) para inferir y evaluar lo que el escritor asumió, tanto acerca del texto como de las características del lector (por ejemplo, edad, conocimientos, creencias personales y valores).

Las habilidades matemáticas, asociadas con ocho niveles, incluían las siguientes:

- *Nivel 1.* Habilidad prearitmética: realiza operaciones de identificación o de resta de un solo paso; reconoce formas simples; hace coincidir números e imágenes; cuenta números enteros.
- *Nivel 2.* Habilidad aritmética emergente: realiza operaciones de adición o sustracción de dos pasos que involucran realización y verificación (a través de estimación básica); estima la longitud de figuras familiares; reconoce formas bidimensionales comunes.
- *Nivel 3.* Habilidad aritmética básica: traduce información gráfica a fracciones; comprende el valor posicional de números enteros hasta el millar; interpreta unidades de medida simples y cotidianas.
- *Nivel 4.* Habilidad aritmética inicial: usa operaciones matemáticas simples con números enteros, fracciones, decimales, o todos ellos.
- *Nivel 5.* Competencia en aritmética: resuelve problemas con operaciones múltiples que incluyen unidades de medida cotidianas, números enteros y mixtos, o todos ellos.
- *Nivel 6.* Habilidad matemática: resuelve problemas con operaciones múltiples que incluyen fracciones, relaciones y decimales; traduce información representada verbal y gráficamente en formas simbólicas, algebraicas y en ecuaciones.
- *Nivel 7.* Resolución de problemas: extrae información de tablas, gráficos y representaciones visuales y simbólicas para identificar y resolver problemas múltiples.
- *Nivel 8.* Resolución de problemas abstractos: identifica la naturaleza de un problema matemático implícito integrado en información verbal o gráfica y lo traduce a una forma algebraica o de ecuación para resolver el problema.

Participantes

Entre 1995 y 1999, siete ministerios de educación recopilaron información sobre la competencia lectora de sexto grado a través de SACMEQ I. Catorce ministerios completaron los estudios SACMEQ II entre 2000 y 2002 sobre la competencia lectora y matemática de sexto grado. Las condiciones variaron considerablemente de un país a otro. Por ejemplo, el ingreso nacional bruto era aproximadamente 40 veces superior en Seychelles (US$6730) respecto de Malaui (US$170). El gasto gubernamental en educación variaba del 30 por ciento en Suazilandia al 7 por ciento en Tanzania, mientras que el porcentaje de un grupo etario matriculado en la escuela primaria iba desde el 40 por ciento en Mozambique a más del 90 por ciento en Mauricio, Seychelles y Sudáfrica (Murimba, 2005b).

En varios países, los docentes, así como los alumnos, realizaron las pruebas de rendimiento.

Algunas conclusiones

Existían considerables diferencias entre los países en relación a los logros alcanzados (figura C.1.1). Solo un 1 por ciento de los sextos grados de Malaui alcanzó el nivel "deseable" en lectura, mientras que en Zimbabue lo hizo el 37 por ciento. Casi 4 de cada 10 alumnos de los países participantes de SACMEQ II alcanzaron el nivel "mínimo" de dominio de la lectura (establecido por cada país antes de administrar la prueba), pero solo 1 de cada 10 alcanzó el nivel "deseable".

La comparación de puntuaciones de competencia lectora de los estudiantes urbanos y rurales reveló amplias diferencias a favor de los estudiantes urbanos de cuatro países (Kenia, Namibia, Tanzania y Zambia), mientras que en Mauricio y Seychelles la diferencia no fue estadísticamente significativa. Las causas probables de las diferencias urbano-rural eran complejas. Comparados con los estudiantes urbanos, los estudiantes en áreas rurales tenían familias de nivel socioeconómico más bajo, eran mayores, más propensos a repetir un grado y recibían menos soporte familiar para su trabajo escolar. Además, las escuelas rurales, en general, tenían menos recursos y de inferior calidad que las escuelas urbanas, lo que se reflejó en cómo los docentes

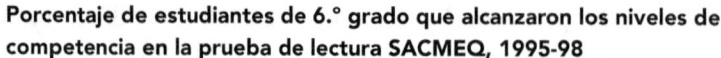

Porcentaje de estudiantes de 6.° grado que alcanzaron los niveles de competencia en la prueba de lectura SACMEQ, 1995-98

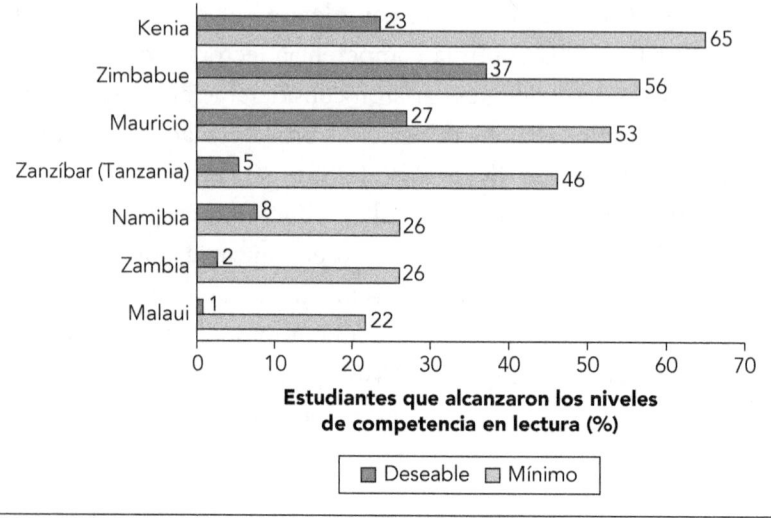

Fuente: UNESCO 2004, figura 3.1. Reproducida bajo autorización.

asignaban y corregían los deberes escolares, en la frecuencia con la que se reunían con los padres de los alumnos y en cuánto apoyo proporcionaban los inspectores (Zhang, 2006).

Un hecho interesante de SACMEQ fue el uso de los resultados para comparar la provisión de recursos y las tendencias en los logros en lectura en un período de tiempo que estuvo marcado por el rápido crecimiento de la matriculación escolar en la región. La totalidad de los seis sistemas educativos que participaron en SACMEQ I (1995) y SACMEQ II (2000) registró un crecimiento general en la provisión de recursos a las escuelas entre las dos evaluaciones (Murimba, 2005a). En cinco de los seis países, sin embargo, descendieron las puntuaciones medias nacionales en alfabetización (figura C.1.2); tales diferencias solo fueron estadísticamente significativas en Malaui, Namibia y Zambia. En general, las puntuaciones de rendimiento disminuyeron un 4 por ciento de media en los seis países.

Cada informe nacional produjo una serie de recomendaciones para los responsables de la formulación de políticas. Por ejemplo, el informe de Tanzania recomendaba que el Gobierno investigara las diferencias

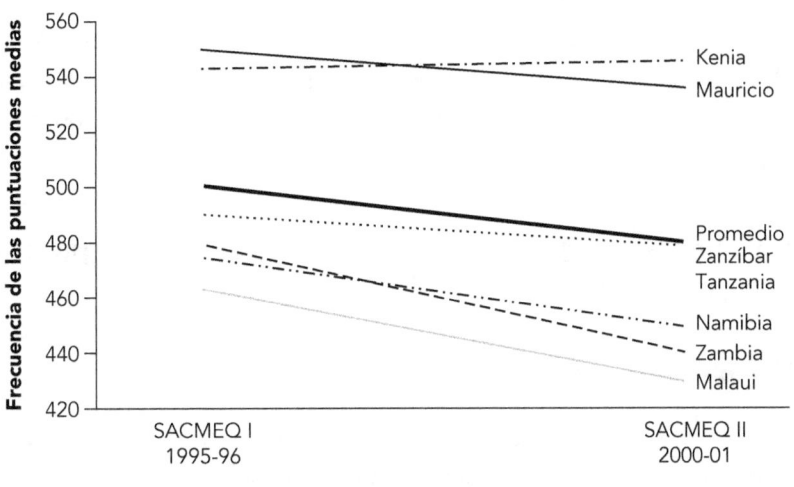

FIGURA C.1.2

Cambios en las puntuaciones de alfabetización entre SACMEQ I y SACMEQ II

Fuente: UNESCO 2004, figura 2.4. Reproducida bajo autorización.

de género en la matriculación escolar y que identificara las opciones para eliminar la brecha entre géneros (Mrutu, Ponera y Nkumbi, 2005). Esta acción incluiría proveer ayuda a los niños huérfanos para aliviar a las chicas de las pesadas responsabilidades hogareñas para que pudieran ir a la escuela.

Varios países evaluaron también el dominio de la materia por parte del maestro usando la prueba administrada a los estudiantes. En Tanzania, menos de la mitad de los docentes alcanzó el nivel más alto (Nivel 8) en lectura (46,1 por ciento) o en matemáticas (43,9 por ciento).

Los resultados de SACMEQ fueron presentados a comisiones presidenciales y nacionales (en Zimbabue y Namibia), en revisiones de la política por parte del primer ministro y el gabinete (Zanzíbar), en estudios nacionales sobre el sector educativo (en Zambia) y en revisiones del plan maestro de educación nacional (en Mauricio).

En varios países, los resultados fueron interpretados como indicadores de la necesidad de proveer estándares para los recursos en educación. Por ejemplo, en Kenia se implementaron valores de referencia para las aulas (como pupitres por alumno y libros por alumno). En Zimbabue, se crearon fondos especiales para suministros escolares.

Las altas tasas de deserción y las bajas tasas de finalización de estudios impulsaron al Ministerio de Educación de Kenia a fortalecer su sector educacional no formal para servir a aquellos que no encajan en el sistema formal. Asimismo en Kenia, los resultados de SACMEQ en materia de género, desigualdades personales e ineficiencias internas se usaron para orientar el desarrollo de los planes de acción *Educación para todos* a nivel nacional, provincial y distrital (Murimba, 2005a).

C.2. PROGRAMME D'ANALYSE DES SYSTÈMES ÉDUCATIFS DE LA CONFEMEN

Marco de referencia

El Programa de Análisis de los Sistemas Educativos de la CONFEMEN, o PASEC, es llevado a cabo bajo los auspicios de la Conferencia de los Ministros de Educación de los Países de Habla Francesa, o CONFEMEN, por sus siglas en francés. Fue lanzado en 1991 en la conferencia de ministros de educación francófona en Djibouti, donde, en 1992, se llevó a cabo el primer estudio.

El objetivo principal de PASEC es orientar la toma de decisiones educativas y, más específicamente, abordar importantes cuestiones de política nacional. Lo hace a través de la evaluación del rendimiento de los alumnos e intentando identificar factores clave relacionados con él y sus costos asociados, para establecer una jerarquía de intervenciones educativas en términos de su eficiencia.

Hay cinco características de PASEC que son dignas de mención. Primero, tiene una dimensión internacional en virtud de la cual las propuestas para los países estudiados son consideradas en un encuentro de los países miembros de CONFEMEN. Si la propuesta es aprobada, el representante de CONFEMEN se convierte en el responsable de la conformación de un grupo interdisciplinario de expertos ante los ministerios de educación, los cuales, por su parte, se hacen responsables de la implementación (diseño de cuestionarios, administración, ingreso y análisis de datos, preparación del informe). PASEC, sin embargo, no fue diseñado en primer lugar para comparar el nivel de rendimiento de los estudiantes entre los países.

En segundo lugar, los estudiantes eran evaluados al comienzo y al final de cada año académico. Este sistema implica que, al momento de efectuar los análisis, las características de los estudiantes al comienzo pueden ser tenidas en cuenta para obtener una medida de su crecimiento a lo largo del año.

Tercero, los estudios en cuatro países (Guinea, Mali, Nigeria y Togo), fueron diseñados teniendo en mente un tema en particular. Por ejemplo, Guinea y Togo adoptaron como tema las políticas de empleo de los docentes (incluyendo la formación docente) que habían sido implementadas en 1983 en Togo y en 1998 en Guinea para reducir el costo de emplear a más docentes, sin dejar de reconocer que tales medidas podían afectar la calidad educativa. Cuarto, al comienzo de 1995 se aplicó los mismos instrumentos en cinco países (Burkina Faso, Camerún, Costa de Marfil y Senegal [1995/96] y en Madagascar [1997/98]), permitiendo así efectuar comparaciones internacionales.

Quinto, en dos países (Costa de Marfil y Senegal) se identificaron en 1995 grupos representativos de los estudiantes de 2.° grado, que fueron seguidos hasta el 6.° grado en estudios longitudinales.

Instrumentación

Se elaboraron pruebas de francés y matemáticas (con respuestas de opción múltiple y respuesta construida) en base a los elementos comunes de los currículos de los países francófonos de África. Las pruebas fueron diseñadas para ser administradas al comienzo y al final del 2.° y 5.° grados. La prueba de final del año contenía algunos ítems de las pruebas del comienzo del año junto con ítems basados en el material cubierto a lo largo del año.

En 2.° grado, la prueba de francés evaluó el vocabulario de lectura, comprensión de oraciones y texto así como la escritura de los alumnos. Las pruebas de 5.° grado, además de evaluar la comprensión, evaluó la ortografía y aspectos de gramática.

Las pruebas de matemáticas de 5.° grado incluían ítems que evaluaban el conocimiento de los alumnos sobre las propiedades de los números y su habilidad para realizar operaciones básicas (sumas y restas). Las pruebas también incluían ítems que requerían que los alumnos usaran la suma, resta, multiplicación y división para la resolución de problemas, así como ítems que evaluaban el conocimiento de los alumnos sobre decimales y fracciones y conceptos geométricos básicos.

También se administraron una prueba de árabe en Mauricio y una prueba de malgache en Madagascar. En Camerún, se administró a los alumnos anglófonos una traducción al inglés del texto en francés.

Se recopiló datos de los antecedentes a través de cuestionarios administrados a los estudiantes acerca de sí mismos (sexo, edad, nutrición, e idioma hablado) y su entorno (educación de sus padres, disponibilidad de libros en sus casas y distancia hasta la escuela) y a través de cuestionarios administrados a los docentes sobre sus características personales (sexo, edad y educación o formación) y del ambiente en su salón de clases.

En los análisis, los factores del entorno se vincularon al rendimiento de los estudiantes en un intento de identificar las relaciones entre los dos grupos de variables. Se prestó especial atención al "crecimiento" o "valor agregado" a lo largo del curso de un año, así como a la contribución de los factores escolares, como el nivel de formación de los docentes, el tamaño de la clase, la disponibilidad de libros de texto, así como de factores extraescolares, como la educación de los padres, la distancia a la escuela y la lengua hablada en sus hogares (Bernard, 1999; CONFEMEN, 1999; Kulpoo y Coustère, 1999).

Participantes

Hasta la fecha han participado de las actividades de PASEC 18 países: Benín, Burkina Faso, Camerún, República Centroafricana, Chad, Costa de Marfil, República Democrática del Congo, Djibouti, Gabón, Guinea, Madagascar, Mali, Mauritania, Mauricio, Nigeria, República del Congo, Senegal y Togo.

Algunas conclusiones

Los resultados sugieren bajos niveles de rendimiento, tal como se refleja en las puntuaciones obtenidas en las pruebas de lectura y matemáticas (figura C.2.1). Se definió el "bajo rendimiento" como una puntuación por debajo del 25° percentil en las pruebas de lectura y matemáticas.

FIGURA C.2.1

Porcentaje de alumnos de 5.° grado con bajo rendimiento, PASEC, 1996-2001

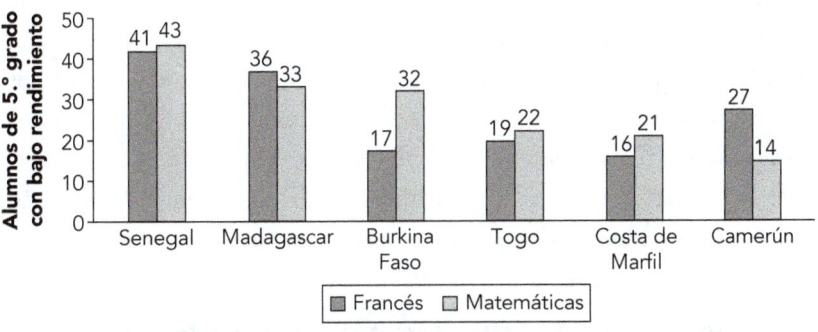

Fuente: UNESCO 2004, figura 3.32. Reproducida bajo autorización.
Nota: La evaluación fue llevada a cabo en Burkina Faso, Camerún, Costa de Marfil y Senegal en 1995/96; en Madagascar en 1997/98; y en Togo en 2000/01. Los países están clasificados según la proporción de alumnos con bajo rendimiento en matemáticas. El bajo rendimiento fue definido por debajo del 25° percentil en lectura y matemáticas.

Se llevó a cabo varios análisis de los datos de PASEC. En uno de ellos, se usó datos de cinco países (Burkina Faso, Camerún, Costa de Marfil, Madagascar y Senegal) en un modelo lineal jerárquico para evaluar el nivel individual, escolar y las características nacionales que determinan los rendimientos escolares de los alumnos de 5.° grado en francés y matemáticas (Michaelowa, 2001). Las principales conclusiones son las siguientes:

Primero, se relacionó una variedad de características de los alumnos y sus familias (incluyendo la alfabetización de los padres y el uso del francés en casa de los estudiantes) con su rendimiento. Segundo, si bien los alumnos parecerían beneficiarse de la repetición de grados, los beneficios solo eran provisionales. Tercero, tanto la educación inicial de los docentes como la formación periódica posterior resultaron decisivas para el rendimiento estudiantil. Cuarto, la cantidad de días que los docentes faltaban a la escuela afectaban negativamente a los estudiantes. Quinto, aun cuando les pagaban menos, los docentes "voluntarios" (contratados por los padres de los estudiantes) eran más efectivos que los docentes que eran empleados públicos.

Sexto, la asociación a un sindicato por parte del docente se relacionaba de manera significativa y negativa con el rendimiento de los estudiantes. Séptimo, la disponibilidad de libros de texto para los estudiantes tuvo un fuerte efecto positivo en el rendimiento del aprendizaje. Octavo, el tamaño de la clase (de hasta 62 estudiantes) se relacionó positivamente con el rendimiento. Noveno, el aprendizaje en un aula multigrado tuvo un efecto positivo en el rendimiento. Décimo, los estudiantes que durante el año eran visitados en la escuela por un inspector mostraron un desempeño mejor que los estudiantes que no recibían esa visita. Finalmente, el rendimiento de las niñas parecía beneficiarse del hecho de que les enseñaran mujeres; el rendimiento de los niños parecería beneficiarse del hecho de que les enseñaran varones.

C.3. LABORATORIO LATINOAMERICANO DE EVALUACIÓN DE LA CALIDAD DE LA EDUCACIÓN

Marco de referencia

El Primer Estudio Comparativo Internacional en Lengua y Matemáticas en Latinoamérica fue llevado a cabo por el Laboratorio Latinoamericano de Evaluación de la Calidad de la Educación (LLECE). Esta red de sistemas educativos nacionales de América Latina y el Caribe fue creada en 1994 y es coordinada por la Oficina Regional para Latinoamérica y el Caribe de la UNESCO.

El principal objetivo del estudio fue proporcionar información acerca de los rendimientos de los estudiantes y los factores asociados que podían ser usados en la formulación y ejecución de políticas educativas en cada país. Este objetivo se lograría a través de la evaluación del rendimiento de las poblaciones de escuela primaria para responder las siguientes preguntas: ¿Qué aprenden los estudiantes? ¿En cuáles niveles se realiza el aprendizaje? ¿Bajo qué condiciones se produce el aprendizaje? (Casassus et al., 1998).

Se consideró que un marco de referencia comparativo era una de las mejores maneras para incrementar el entendimiento sobre el estado de la educación en los países. La necesidad de un estudio internacional en Latinoamérica resultó del hecho de que pocos países de la región habían participado de un estudio de ese tipo y, cuando lo habían hecho, los estudios no habían tenido en cuenta las características específicas curriculares de la región.

Instrumentos

Se elaboraron las pruebas de rendimiento (dos formularios) en lengua y matemáticas, en las cuales estaban representados los contenidos curriculares de cada país participante. Las pruebas consistían en preguntas de opción múltiple y abiertas (solo para lengua).

Los componentes de lengua incluían comprensión de lectura; práctica metalingüística; y producción de textos en español, excepto en Brasil, donde los estudiantes fueron evaluados en portugués.

Los componentes matemáticos incluían números, operaciones que utilizan números naturales, fracciones comunes, geometría y medición.

Se recopiló información extensa a través de cuestionarios (completados por alumnos, docentes, directores y padres o tutores) sobre factores considerados como asociados al rendimiento de los estudiantes (por ejemplo, ubicación y tipo de escuela, nivel educativo de los padres o tutores y percepciones de los alumnos y docentes acerca de la disponibilidad de recursos educativos en la escuela).

Participantes

En 1997, 13 países participaron en un estudio: Argentina, Bolivia, Brasil, Chile, Colombia, Costa Rica, Cuba, República Dominicana, Honduras, México, Paraguay, Perú y República Bolivariana de Venezuela. En el primer informe del estudio se incluyen datos de los 11 países.

En cada país, se evaluaron muestras de aproximadamente 4000 estudiantes de 3.° grado (de 8 y 9 años de edad) y de 4.° grado (de 9 y 10 años de edad). Se excluyó al "20 por ciento de mayor edad de la población total" (Casassus et al., 1998, 18).

Algunas conclusiones

Los resultados—clasificados por el tipo de escuela (pública o privada) y por la ubicación (ciudades con poblaciones de más de un millón de personas (lugares urbanos o rurales)—indican que los niveles de rendimiento de los estudiantes cubanos, con independencia de la ubicación de la escuela, están muy por delante de los de otros países (tablas C.3.1. y C.3.2). Más del 90 por ciento de los estudiantes cubanos

TABLA C.3.1
Porcentaje de estudiantes que alcanzaron cada uno de los niveles de rendimiento en lengua, por tipo de escuela y localización, LLECE 1997

País	Pública			Privada			Megalópolis			Urbana			Rural		
	Nivel I	Nivel II	Nivel III	Nivel I	Nivel II	Nivel III	Nivel I	Nivel II	Nivel III	Nivel I	Nivel II	Nivel III	Nivel I	Nivel II	Nivel III
Argentina	95	77	57	99	93	78	96	85	72	96	79	59	88	62	42
Bolivia	87	55	30	91	70	46	90	66	39	87	58	35	77	40	24
Brasil	95	80	54	98	93	72	96	88	62	95	82	58	84	62	38
Chile	93	71	49	97	86	67	94	76	53	95	79	60	89	63	41
Colombia	89	59	35	97	81	56	96	79	53	89	60	36	89	57	33
Cuba	100	98	92	n.a.	n.a.	n.a.	100	99	93	100	98	92	100	98	92
Rep. Dominicana	77	52	30	83	64	42	84	65	42	73	44	25	73	39	20
Honduras	87	55	29	94	73	44	92	67	38	87	55	29	78	35	17
México	89	58	38	96	84	65	94	70	50	89	64	43	82	48	30
Paraguay	88	60	37	93	75	54	n.a.	n.a.	n.a.	90	67	44	81	51	32
Perú	86	55	29	94	78	54	92	70	43	85	57	34	71	30	13
Rep. Bol. de Venezuela	88	59	38	91	70	49	91	68	48	88	60	38	84	58	39

Fuente: UNESCO 2001, Tabla 8.
Nota: n.a. = no aplicable.

TABLA C.3.2
Porcentaje de estudiantes que alcanzaron cada uno de los niveles de rendimiento en matemáticas por tipo de escuela y localización, LLECE 1997

País	Pública			Privada			Megalópolis			Urbana			Rural		
	Nivel I	Nivel II	Nivel III	Nivel I	Nivel II	Nivel III	Nivel I	Nivel II	Nivel III	Nivel I	Nivel II	Nivel III	Nivel I	Nivel II	Nivel III
Argentina	96	54	12	98	71	23	98	70	26	96	54	11	94	43	6
Bolivia	93	43	9	96	59	18	95	49	12	94	51	14	89	36	8
Brasil	93	52	12	97	67	26	96	58	17	94	55	15	84	40	7
Chile	92	46	7	97	57	15	94	49	10	95	52	12	87	38	6
Colombia	93	42	5	97	55	10	97	53	8	93	43	6	92	50	12
Cuba	100	92	79	n.a.	n.a.	n.a.	100	95	82	99	90	76	99	50	72
Rep. Dominicana	82	37	4	86	43	7	86	42	6	81	36	4	79	38	7
Honduras	84	36	7	93	39	5	87	35	3	86	39	8	78	23	13
México	94	55	10	98	69	20	97	62	13	94	58	13	90	46	10
Paraguay	87	29	2	90	49	12	n.a.	n.a.	n.a.	88	42	9	82	34	8
Perú	87	29	2	94	54	11	88	43	8	89	33	4	78	23	2
Rep. Bol. de Venezuela	76	25	2	76	33	5	75	26	3	77	27	3	68	22	2

Fuente: UNESCO 2001, Tabla 8.
Nota: n.a. = no aplicable.

FIGURA C.3.1

Gradientes socioeconómicos de 11 países latinoamericanos, LLECE

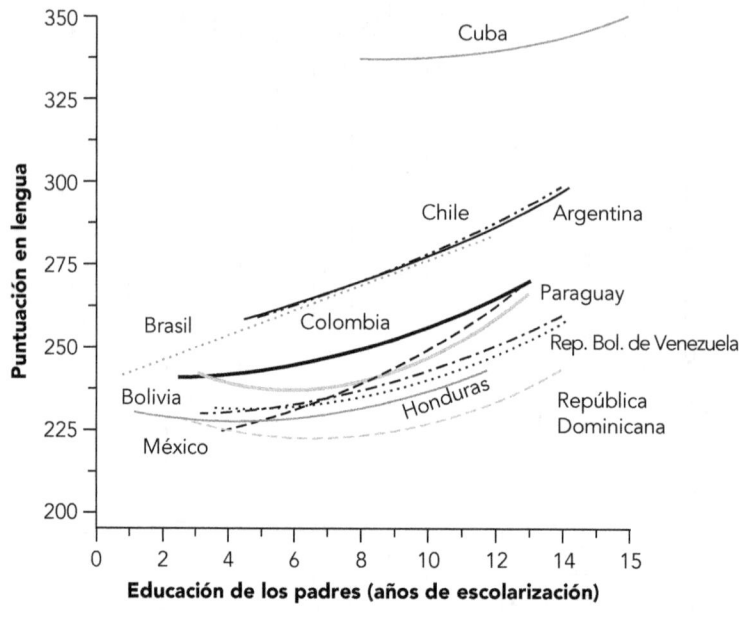

Fuente: Willms y Somers 2005.

alcanzó el más alto nivel de competencia en lengua (Nivel III)—con una excepción (escuelas rurales)—y más del 75 por ciento lo hizo en matemáticas. Mientras que el 72 por ciento de estudiantes rurales en Cuba alcanzó el Nivel III en matemáticas, menos del 10 por ciento de estudiantes rurales lo logró en la mayoría de países restantes.

Análisis posteriores de los datos de LLECE se centraron en comprobar en qué medida variaba el resultado en relación con el estatus socioeconómico (basado en el nivel de escolarización y logros de los padres) en los diferentes países (véase la figura C.3.1). Los datos indican que los gradientes socioeconómicos varían considerablemente de país en país; la relación es más pronunciada en Argentina y Brasil que en Cuba, que tenía relativamente poca variación en el nivel de educación de los padres. Aunque los estudiantes de escuelas privadas superaron a los estudiantes de escuelas públicas, las diferencias entre grupos no fueron significativas cuando se tomó en cuenta el estatus socioeconómico de los estudiantes. (Cumbre de las Américas, 2003).

Cuba registró la menor variación en el nivel de instrucción de los padres, así como el nivel más alto de rendimiento de los alumnos. Posteriores análisis revelaron que, en comparación con otros países, Cuba tendía a tener más guarderías, más actividades educacionales en el hogar, clases menos numerosas, docentes con mejor formación y menor cantidad de clases multigrado o agrupadas por habilidades (Willms y Somers, 2001). En un estudio de seguimiento, los resultados de LLECE fueron utilizados para identificar escuelas con resultados sobresalientes en siete países: Argentina, Bolivia, Chile, Colombia, Costa Rica, Cuba y República Bolivariana de Venezuela (LLECE, 2002).

A pesar de la variedad de análisis, el Grupo de Trabajo sobre la Reforma Educativa en América Central (2000, 19), en su informe titulado *"Mañana es muy tarde"* dice que

> «...en casi todos los casos no hay una política clara que dicte cómo pueden y deberían usarse los resultados de las evaluaciones. Las pruebas de rendimiento todavía no se han convertido en parte de las políticas de rendición de cuentas que exigen varios grupos. No ha habido discusión acerca del tipo de decisiones que podrían basarse en estos resultados y hay poco consenso acerca del valor intrínseco de evaluar el desempeño de los estudiantes. Como resultado de ello, estos programas son especialmente vulnerables a los cambios de gobierno e incluso a los cambios del personal superior de los ministerios.»

REFERENCIAS BIBLIOGRÁFICAS

Arregui, P. y C. McLauchlan. 2005. "Uso de los resultados de evaluaciones educativas a gran escala en América Latina". Documento no publicado preparado para la Asociación para la Revitalización Educativa en las Américas y el Instituto del Banco Mundial.

Asociación Americana de Investigación Educativa, Nueva Orleans, 24 al 28 de abril.

———. 2002. "English Proficiency and Contextual Factors Influencing Mathematics Achievement of Secondary School Pupils in South Africa." Tesis doctoral, Universidad de Twente (Países Bajos).

Banco Mundial. 2004. *Vietnam: Reading and Mathematics Assessment Study*. Vols. 1–3. Washington, DC: Banco Mundial.

———. 2007. Base de datos EdStats. http://www1.worldbank.org/education/edstats/.

Beaton, A. E., T. N. Postlethwaite, K. N. Ross, D. Spearritt y R. M. Wolf. 1999. *The Benefits and Limitations of International Educational Achievement Studies*. París: Instituto Internacional de Planeamiento de la Educación de la UNESCO

Benveniste, L. 2000. "Student Assessment as a Political Construction: The Case of Uruguay." *Archivos Analíticos de Políticas Educativas* 8 (32): 1–41.

———. 2002. "The Political Structuration of Assessment: Negotiating State Power and Legitimacy." *Comparative Education Review* 46: 89–118.

Bernard, J.-M. 1999. "Les Enseignants du Primaire dans Cinq Pays du Programme d'Analyse des Systèmes Educatifs de la CONFEMEN: Le Rôle du Maître dans le Processus d'Acquisition des Elèves." Informe del grupo de trabajo sobre la profesión docente, sección francófona de la Asociación para el Desarrollo de la Educación en África (ADEA). París: ADEA.

Braun, H. y A. Kanjee. 2007. "Using Assessment to Improve Education in Developing Countries." En *Educating All Children: A Global Agenda*, ed. J. E. Cohen, D. E. Bloom y M. B. Malin, 303–53. Cambridge, MA: MIT Press.

Bután, Consejo de Evaluaciones, Ministerio de Educación. 2004. *National Educational Assessment in Bhutan: A Benchmark of Student Achievement in Literacy and Numeracy at Class 6, 2003.* Thimphu, Bután: Ministerio de Educación

Campbell, J. R., D. L Kelly, I. V. S. Mullis, M. O. Martin y M. Sainsbury. 2001. *Marcos teóricos y especificaciones de evaluación de PIRLS 2001.* 2.ª ed. Chestnut Hill, MA: Boston College.

Casassus, J., J. E. Froemel, J. C. Palafox y S. Cusato. 1998. *Primer estudio internacional comparativo sobre lenguaje, matemática y factores asociados para alumnos del tercer y cuarto grado de la educación básica.* Santiago (Chile) Laboratorio Latinoamericano de Evaluación de la Calidad de la Educación

Centro Nacional de Estadísticas Educativas de EE. UU. 2005. *National Assessment of Educational Progress: The Nation's Report Card, Reading 2005.* Washington, DC: Centro Nacional de Estadísticas Educativas de EE. UU.

———. 2006. "NAEP Overview." Centro Nacional de Estadísticas Educativas de EE. UU., Washington, DC. http://nces.ed.gov/nationsreportcard/about/.

———. n.d. "Comparing NAEP, TIMSS, and PISA in Mathematics and Science." Centro Nacional de Estadísticas Educativas de EE. UU., Washington, DC. http://nces.ed.gov/timss/pdf/naep_timss_pisa_comp.pdf.

Chinapah, V. 1997. *Handbook on Monitoring Learning Achievement: Towards Capacity Building.* París Organización de las Naciones Unidas para la Educación, la Ciencia y la Cultura

Clarke, M. 2005. *Análisis técnico y recomendaciones de NAPE* Kampala: Dirección Nacional de Evaluaciones de Uganda

CONFEMEN (Conferencia de Ministros de Educación de los Países de Habla Francesa). 1999. *Les Facteurs de l'Efficacité dans l'Enseignement Primaire: Les*

Resultats du Programme PASEC sur Neuf Pays d'Afrique et de l'Océan Indien. Dakar: CONFEMEN.

Connecticut Department of Education. 2006. "State Releases Connecticut Mastery Test Results." Noticia, 9 de agosto. http://www.sde.ct.gov/sde/lib /sde/ PDF/PressRoom/2006cmtresults.pdf.

Consejo de Evaluaciones de Lesotho y Centro de Desarrollo del Currículum Nacional (Lesotho) 2006. *Lesotho: National Assessment of Educational Progress, 2004.* Maseru: Consejo de Evaluaciones de Lesotho y Centro de Desarrollo del Currículo Nacional.

Coulombe, S., J.-F. Tremblay y S. Marchand. 2004. *Encuesta Internacional de Alfabetización de Adultos: tasas de alfabetización, capital humano y crecimiento en catorce países de la OCDE.* Ottawa: Dirección General de Estadísticas de Canadá.

Crespo, M., J. F. Soares y A. de Mello e Souza. 2000. "The Brazilian National Evaluation System of Basic Education: Context, Process, and Impact." *Studies in Educational Evaluation* "El sistema de evaluación de la educación básica de Brasil: contexto, proceso e impacto". *Estudios en evaluación educativa* 26: 105–25.

Cumbre de las Américas. 2003. *Informe Regional: Alcanzando las metas educativas.* Santiago: Ministerio de Educación, Chile; París: Organización de las Naciones Unidas para la Educación, la Ciencia y la Cultura.

Declaración Mundial sobre Educación para Todos. 1990. Adoptada por la Conferencia Mundial sobre Educación para Todos, Satisfacción de las Necesidades Básicas de Aprendizaje, Jomtien (Tailandia), 5 al 9 de marzo. Nueva York: Organización de las Naciones Unidas para la Educación, la Ciencia y la Cultura. http://www.unesco.org/education/information /nfsunesco/pdf/JOMTIE_E.PDF.

Delannoy, F. 2000. *Education Reforms in Chile 1980–98: A Lesson in Pragmatism.* Washington, DC: Banco Mundial

Eivers, E., G. Shiel, R. Perkins y J. Cosgrove. 2005 *The 2004 National Assessment of English Reading.* Dublín: Centro de Investigación Educativa.

Elley, W. B. 1992. *How in the World Do Students Read? IEA Study of Reading Literacy.* La Haya (Países Bajos): Asociación Internacional para la Evaluación del Rendimiento Educativo.

———. ed. 1994. *IEA Study of Reading Literacy: Achievement and Instruction in Thirty-Two School Systems.* Oxford (Reino Unido): Pergamon.

———. 2005: "How TIMSS-R Contributed to Education in Eighteen Developing Countries." *Prospects* 35 (2): 199–212.

Ferrer, G. 2006. *Sistemas de Evaluación de Aprendizajes en América Latina: Balance y Desafíos*. Washington, DC: Asociación para la Revitalización Educativa en las Américas.

Ghana, Ministerio de Educación, Juventud y Deportes 2004. *Resultados de estudiantes ghaneses de 2.º grado de secundaria en las evaluaciones TIMSS de matemática y ciencia para 2003* Accra: Ministerio de Educación, Juventud y Deportes.

Greaney, V. y T. Kellaghan. 1996. *Monitoring the Learning Outcomes of Education Systems*. Washington, DC: Banco Mundial.

Grupo de trabajo para la reforma educativa en América Central. 2000. *Tomorrow Is Too Late*. http://thedialogue.org/publications/preal/tomorrow.pdf.

Hanushek, E. A. y D. D. Kimko. 2000. "Schooling, Labor-Force Quality, and the Growth of Nations." *American Economic Review* 90 (5): 1184–208.

Hanushek, E. A. y L. Wössmann. 2007. *Calidad de la educación y crecimiento económico*. Washington, DC: Banco Mundial

Himmel, E. 1996. "National Assessment in Chile." En *National Assessments: Testing the System*, ed. P. Murphy, V. Greaney, M. E. Lockheed y C. Rojas, 111–28. Washington, DC: Banco Mundial

———. 1997. "Impacto Social de los Sistemas de Evaluación del Rendimiento Escolar: El Caso de Chile." En *Evaluación y reforma educativa: Opciones de política*, ed. B. Álvarez H. y M. Ruiz-Casares, 125–57. Washington, DC: ABEL/PREAL/Agencia de los Estados Unidos para el Desarrollo Internacional

Horn, R., L. Wolff y E. Velez. 1992. "Sistema de evaluación educacional en América Latina: Reseña temática y experiencias recientes". *Boletín 27 del Proyecto principal de educación en América Latina y el Caribe:* 7–27.

Howie, S. 2000. "TIMSS-R in South Africa: A Developing Country Perspective." Trabajo presentado durante la reunión anual de la Asociación Americana de Investigación Educativa, Nueva Orleans, 24 al 28 de abril.

———. 2002. "English Proficiency and Contextual Factors Influencing Mathematics Achievement of Secondary School Pupils in South Africa." Tesis doctoral, Universidad de Twente (Países Bajos).

Howie, S. y C. Hughes. 2000. Sudáfrica En *The Impact of TIMSS on the Teaching and Learning of Mathematics and Science*, ed. D. Robitaille, A. Beaton y T. Plomp, 139–45. Vancouver, BC: Pacific Educational Press.

Hoxby, C. E. 2002. "The Cost of Accountability." Documento de trabajo 8855, Oficina Nacional de Investigación Económica, Cambridge, MA.

Husén, T. 1973. "Foreword." En *Science Achievement in Nineteen Countries*, ed. L. C. Comber y J. P. Keeves, 13–24. Nueva York: Wiley.

Husén, T. y T. N. Postlethwaite. 1996. "A Brief History of the International Association for the Evaluation of Educational Achievement (IEA)." *Assessment in Education* 3 (2): 129–41.

IEA (Asociación Internacional para la Evaluación del Rendimiento Educativo). 2000. *Marcos teóricos y especificaciones de evaluación de PIRLS 2001*. Chestnut Hill, MA: Centro de Estudios Internacionales, Boston College.

IIEP (Instituto Internacional de Planeamiento de la Educación). 2007. "Consorcio del África Austral y Oriental para el Monitoreo de la Calidad de la Educación". IIEP, París. http://www.unesco.org/iiep/eng/networks/sacmeq/sacmeq.htm.

Ilon, L. 1996. "Considerations for Costing National Assessments." En *National Assessment: Testing the System*, ed. P. Murphy, V. Greaney, M. E. Lockheed y C. Rojas, 69–88. Washington, DC: Banco Mundial.

Ishino, T. 1995. "Japan." En *Performance Standards in Education: In Search of Quality*, 149–61. París: OCDE.

Johnson, E. G. 1992. "The Design of the National Assessment of Educational Progress." *Journal of Educational Measurement* 29 (2): 95–110.

Jones, L. V. 2003. "National Assessment in the United States: The Evolution of a Nation's Report Card." En *International Handbook of Educational Evaluation*, ed. T. Kellaghan y D. L. Stufflebeam, 883–904. Dordrecht, Países Bajos: Kluwer Academic.

Kanjee, A. 2006. "The State of National Assessments of Learner Achievement." Trabajo no publicado para la Oficina de Investigación de Ciencias Humanas, Pretoria (Sudáfrica).

Keeves, J. P. 1995. "The Contribution of IEA Research to Australian Education." En *Reflections on Educational Achievement: Papers in Honour of T. Neville Postlethwaite*, ed. W. Bos y R. H. Lehmann, 137–58. Nueva York: Waxman.

Kellaghan, T. 1996. "IEA Studies and Educational Policy." *Assessment in Education* 3 (2): 143–60.

———. 1997. "Seguimiento de los resultados educativos nacionales." En *Evaluación y reforma educativa: Opciones de política*, ed. B. Álvarez H. y

M. Ruiz-Casares, 23–65. Washington, DC: ABEL/PREAL/Agencia de los Estados Unidos para el Desarrollo Internacional.

———. 2003. "Local, National and International Levels of System Evaluation: Introduction." En *International Handbook of Educational Evaluation*, ed. T. Kellaghan y D. L. Stufflebeam, 873–82. Dordrecht, Países Bajos: Kluwer Academic.

———. 2006. "¿Qué mecanismos de monitoreo se pueden utilizar para efectuar estudios internacionales comparados y estudios nacionales?" En *Estudios internacionales sobre la calidad de la educación: la planificación de su diseño y la gestión de su impacto*, ed. K. N. Ross y I. J. Genevois, 51–55. París Instituto Internacional de Planeamiento de la Educación.

Kellaghan, T. y V. Greaney. 2001a. "The Globalisation of Assessment in the 20th Century." *Assessment in Education* 8 (1): 87–102.

———. 2001b. *Using Assessment to Improve the Quality of Education*. París: Instituto Internacional de Planeamiento de la Educación.

———. 2004. *Assessing Student Learning in Africa*. Washington, DC: Banco Mundial.

Khaniya, T. y J. H. Williams. 2004. "Necessary but Not Sufficient: Challenges to (Implicit) Theories of Educational Change—Reform in Nepal's Education System." *International Journal of Educational Development* 24 (3): 315–28.

Kirsch, I. 2001. *The International Adult Literacy Study (IALS): Understanding What Was Measured*. Princeton, NJ: Servicio de Pruebas Educativas.

Kulpoo, D. y P. Coustère. 1999. "Developing National Capacities for Assessment and Monitoring through Effective Partnerships." En *Partnerships for Capacity Building and Quality Improvements in Education: Papers from the ADEA 1997 Biennial Meeting, Dakar*. París: Asociación para el Desarrollo de la Educación en África.

Laboratorio Latinoamericano de Evaluación de la Calidad de la Educación (LLECE) 2002. *Estudio cualitativo de escuelas con resultados destacables en siete países latinoamericanos* Santiago: LLECE.

Lockheed, M. E. y A. Harris. 2005. "Beneath Education Production Functions: The Case of Primary Education in Jamaica." *Peabody Journal of Education* 80 (1): 6–28.

Makuwa, D. 2005. *The SACMEQ II Project in Namibia: A Study of the Conditions of Schooling and Quality of Education*. Harare: Consorcio del África Austral y Oriental para el Monitoreo de la Calidad de la Educación.

McMeekin, R. W. 2000. *Implementing School-Based Merit Awards: Chile's Experiences*. Washington, DC: Banco Mundial

Michaelowa, K. 2001. "Primary Education Quality in Francophone SubSaharan Africa: Determinants of Learning Achievement and Efficiency Considerations." *World Development* 29 (10): 1699–716.

Mrutu, A., G. Ponera y E. Nkumbi. 2005. *The SACMEQ II Project in Tanzania: A Study of the Conditions of Schooling and the Quality of Education*. Harare: Consorcio del África Austral y Oriental para el Monitoreo de la Calidad de la Educación.

Mullis, I. V. S., A. M. Kennedy, M. O. Martin y M. Sainsbury. 2006. *PIRLS 2006: Marcos teóricos y especificaciones de evaluación*. Chestnut Hill, MA: Centro de Estudios Internacionales, Boston College.

Mullis, I. V. S., M. O. Martin, E. J. Gonzalez y S. J. Chrostowski. 2004. *TIMSS 2003 International Mathematics Report: Findings from IEA's Trends in International Mathematics and Science Study at the Fourth and Eighth Grades*. Chestnut Hill, MA: Centro de Estudios Internacionales, Boston College.

Mullis, I. V. S., M. O. Martin, E. J. Gonzalez y A. M. Kennedy. 2003. *PIRLS 2001 International Report: IEA's Study of Reading Literacy Achievement in Primary Schools*. Chestnut Hill, MA: Centro de Estudios Internacionales, Boston College.

Mullis, I. V. S., M. O. Martin, G. J. Ruddock, C. Y. O'Sullivan, A. Arora y E. Erberber. 2005. *Marcos de evaluación TIMSS 2007* Chestnut Hill, MA: Centro de Estudios Internacionales, Boston College.

Murimba, S. 2005a. "The Impact of the Southern and Eastern Africa Consortium for Monitoring Educational Quality (SACMEQ)." *Prospects* 35 (1): 91–108.

———. 2005b. "The Southern and Eastern Africa Consortium for Monitoring Educational Quality (SACMEQ): Mission Approach and Projects." *Prospects* 35 (1): 75–89.

Nassor, S. y K. A. Mohammed. 1998. *The Quality of Education: Some Policy Suggestions Based on a Survey of Schools—Zanzibar*. Investigación de políticas 4, SAQMEC, Instituto Internacional de Planeamiento de la Educación, París.

Naumann, J. 2005. "TIMSS, PISA, PIRLS, and Low Educational Achievement in World Society." *Prospects* 35 (2): 229–48.

OCDE (Organización para la Cooperación y el Desarrollo Económicos). 2001. *Outcomes of Learning: Results from the 2000 Program for International*

Student Assessment of 15-Year-Olds in Reading, Mathematics, and Science Literacy. París: OCDE. http://nces.ed.gov/pubs 2002/2002115.pdf.

———. 2003. *Marco de la evaluación de PISA 2003: Conocimientos y habilidades en las áreas de matemáticas, lectura, ciencias y solución de problemas* París: OCDE.

———. 2004a. *Primeros resultados de PISA 2003 Resumen ejecutivo* París OECD. http://www.oecd.org/dataoecd/1/63/34002454.pdf.

———. 2004b. *Aprender para el mundo del mañana: Primeros resultados de PISA 2003* París: OCDE.

———. 2007. "Sample Questions: PISA Mathematics with Marking Guide." OCDE, París. http://pisa-sq.acer.edu.au.

OCDE (Organización para la Cooperación y el Desarrollo Económicos) y UNESCO (Organización de las Naciones Unidas para la Educación, la Ciencia y la Cultura) Instituto de Estadísticas. 2003. *Destrezas de lectura y escritura para el mundo del mañana: otros resultados de PISA 2000* París y Montreal: Instituto de Estadísticas de la OCDE y UNESCO.

Oficina Nacional de Investigación y Capacitación Educativa, Departamento de Mediciones y Evaluaciones Educativas (India) 2003. *Learning Achievement of Students at the End of Class V*. Nueva Delhi: Departamento de Mediciones y Evaluaciones Educativas.

Olivares, J. 1996. "Sistema de Medición de la Calidad de la Educación de Chile: SIMCE, Algunos Problemas de la Medición." *Revista Iberoamericana de Educación* 10. http://www.rieoei.org/oeivirt/rie10a07.htm.

Organización Nacional de Evaluaciones de Etiopía 2005. *Second National Learning Assessment of Ethiopia*. Adís Abeba: Organización Nacional de Evaluaciones.

Passos, A., T. Nahara, F. Magaia y C. Lauchande. 2005. *The SACMEQ II Project in Mozambique: A Study of the Conditions of Schooling and the Quality of Education*. Harare: Consorcio del África Austral y Oriental para el Monitoreo de la Calidad de la Educación.

Perera, L., S. Wijetunge, W. A. de Silva y A. A. Navaratne. 2004. *Achievement after Four Years of Schooling. National Assessment of Achievement of Grade Four Pupils in Sri Lanka: National Report*. Colombo: Centro Nacional de Investigación y Evaluación Educativa, Universidad de Colombo.

Postlethwaite, T. N. 2004. "What Do International Assessment Studies Tell Us about the Quality of School Systems?" Trabajo de respaldo para el *Informe de seguimiento 2005 de la iniciativa Educación para Todos*, Organización de las Naciones Unidas para la Educación, la Ciencia y la Cultura, París.

Prakash, V., S. K. S. Gautam e I. K. Bansal. 2000. *Student Achievement under MAS: Appraisal in Phase-II States*. Nueva Delhi: Oficina Nacional de Investigación y Capacitación Educativa.

Ramirez, F. O., X. Luo, E. Schofer y J. W. Meyer. 2006. "Student Achievement and National Economic Growth." *American Journal of Education* 113 (1): 1–29.

Ravela, P. 2005. "A Formative Approach to National Assessments: The Case of Uruguay." *Prospects* 35 (1): 21–43.

Reddy, V. 2005. "Cross-National Achievement Studies: Learning from South Africa's Participation in the Trends in International Mathematics and Science Study." *Compare* 35 (1): 63–77.

———. 2006. *Mathematics and Science Achievement at South African Schools in TIMSS 2003*. Ciudad del Cabo (Sudáfrica): Human Sciences Research Council Press.

Robitaille, D. F., A. E. Beaton y T. Plomp, eds. 2000. *The Impact of TIMSS on the Teaching and Learning of Mathematics and Science*. Vancouver, BC: Pacific Educational Press.

Rojas, C. y J. M. Esquivel. 1998. "Los sistemas de medición del logro académico en Latinoamérica." LCSHD Paper 25, Washington, DC: Banco Mundial.

Ross, K. 1987. "Sample Design." *International Journal of Educational Research* 11 (1): 57–75.

Ross, K. y T. N. Postlethwaite. 1991. *The Quality of Education: A Study of Zimbabuean Primary Schools*. Harare: Ministerio de Educación y Cultura; París: Instituto Internacional de Planeamiento de la Educación.

Shabalala, J. 2005. *The SACMEQ II Project in Swaziland: A Study of the Conditions of Schooling and the Quality of Education*. Harare: Consorcio del África Austral y Oriental para el Monitoreo de la Calidad de la Educación.

Shukla, S., V. P. Garg, V. K. Jain, S. Rajput y O. P. Arora. 1994. *Attainments of Primary School Children in Various States*. Nueva Delhi: Oficina Nacional de Investigación y Capacitación Educativa.

Sofroniou, N. y T. Kellaghan. 2004. "The Utility of Third International Mathematics and Science Study Scales in Predicting Students' State Examination Performance." *Journal of Educational Measurement* 41 (4): 311–29.

Štraus, M. 2005. "International Comparisons of Student Achievement as Indicators for Educational Policy in Slovenia." *Prospects* 35 (2): 187–98.

UNEB (Dirección Nacional de Evaluaciones de Uganda). 2006. *The Achievements of Primary School Pupils in Uganda in English Literacy and Numeracy*. Kampala: UNEB.

UNESCO (Organización de las Naciones Unidas para la Educación, la Ciencia y la Cultura). 1990. *Informe final del Congreso Mundial sobre Educación para Todos: Satisfacción de las Necesidades Básicas de Aprendizaje, Jomtien, Tailandia*. París: UNESCO.

———. 2000. *Marco de Acción de Dakar: Educación para Todos Respondiendo a nuestros compromisos colectivos* París: UNESCO.

———. 2001. *Informe del Primer Estudio Internacional Comparativo* Santiago: Oficina Regional para América Latina y el Caribe.

———. 2002. *Informe de seguimiento de la EPT en el mundo para 2002: ¿Va el mundo por el buen camino?* París: UNESCO.

———. 2004. *Informe de seguimiento de la EPT en el mundo para 2005: El imperativo de la calidad.* París: UNESCO

Wilkins, J. L. M., M. Zembylas y K. J. Travers. 2002. "Investigating Correlates of Mathematics and Science Literacy in the Final Year of Secondary School." En *Secondary Analysis of the TIMSS Data*, ed. D. F. Robitaille y A. E. Beaton, 291–316. Dordrecht, Países Bajos: Kluwer Academic.

Willms, J. D. y M.-A. Somers. 2005. "Raising the Learning Bar in Latin America: Measuring Student Outcomes." Resumen de políticas, Instituto de Investigación Canadiense sobre Políticas Sociales, Universidad de New Brunswick, Fredericton.

Winograd, P. y B. Thorstensen. 2004. "Using Large Scale Assessments to Inform the Policies and Practices That Support Student Learning." Documento de trabajo preparado para la Asociación Internacional de Lectura y el Proyecto Internacional de Capacitación en Evaluaciones Nacionales, Oficina de Responsabilidad Educativa, Santa Fe, NM.

Wolff, L. 1998. "Educational Assessment in Latin-America: Current Progress and Future Challenges." Documento de trabajo 11, Programa de Promoción de la Reforma Educativa en America Latina y el Caribe, Asociación para la Revitalización Educativa en las Américas, Washigton, DC.

Zhang, Y. 2006. "Urban-Rural Literacy Gaps in Sub-Saharan Africa: The Roles of Socioeconomic Status and School Quality." *Comparative Education Review* 50 (4): 581–602.

ECOAUDITORÍA
Declaración de beneficios medioambientales

El Grupo Banco Mundial tiene el compromiso de reducir su huella ambiental. En apoyo a dicho compromiso, la División de Publicaciones y Conocimiento impulsa las opciones de edición electrónica y la tecnología de impresión por encargo, desde centros regionales distribuidos por todo el mundo. En conjunto, estas iniciativas permiten reducir las tiradas y las distancias de envío, lo que redunda en un menor consumo de papel, menor uso de productos químicos, menores emisiones de gases de efecto invernadero y menor cantidad de residuos.

La División de Publicaciones y Conocimiento sigue las normas recomendadas sobre el uso de papel establecidas por la Green Press Initiative (Iniciativa de Prensa Ecológica). La mayor parte de nuestros libros se imprime con papel certificado por el Consejo de Administración de Bosques (FSC), y el contenido en papel reciclado de casi todos ellos oscila entre el 50 y el 100 por ciento. La fibra reciclada del papel de nuestros libros es o bien sin blanquear o blanqueada mediante procesos totalmente libres de cloro (TCF), procesos de fabricación sin cloro (PCF) o procesos de blanqueo libre de cloro elemental mejorado (EECF).

Puede encontrarse más información sobre la filosofía ambiental del Banco en http://www.worldbank.org/en/about/what-we-do/crinfo.

www.ingramcontent.com/pod-product-compliance
Lightning Source LLC
Chambersburg PA
CBHW060314240426
43661CB00059B/2765